Anzeigen, die wir gerne hätten.

Go to
Hell(a).

Hella von Sinnen
Ich bin's

voll Sinnen!

GOLDMANN VERLAG

Wer ist Hella von Sinnen? Millionen Fernsehzuschauer kennen und lieben ihre schaurig-schönen, inzwischen preisgekrönten Kostümierungen; ihre Kalauer und kessen Sprüche, ihre Schlagfertigkeit und Respektlosigkeit haben sie zu einem Renner in der Gunst des Fernsehpublikums gemacht. Selbst der goldene »Bambi« war vor ihr nicht sicher.

Zum ersten Mal schreibt Hella von Sinnen, die »sinnliche Lesbe, die so herrlich schrille Botschaften verkörpert« (*Der Spiegel*), nun auch über ihre ganz private Seite. Über Reinkarnation, Frauenbewegung, Aberglauben, Fans, Freunde, Liebe, Essen und Karriere, über Menschen und was diese von ihr denken und – natürlich – vor allem über sich selbst, den »pfiffigen kleinen Fernsehstar« (Originalton Hella).

Hella erzählt entwaffnend ehrlich, und hinter aberwitzigen Stories, privaten Fotos und selbstgezeichneten Cartoons taucht plötzlich eine völlig andere Frau auf – eine bemerkenswerte Frau, die unbeirrt an ihrer Karriere gearbeitet hat, die bewußt gegen den angepaßten Zeitstrom ihre Macken und Widersprüche pflegt und keine Angst vor Fettnäpfchen hat. Eben typisch von Sinnen!

Umwelthinweis:
Alle bedruckten Materialien dieses Taschenbuches
sind chlorfrei und umweltschonend.

Der Goldmann Verlag
ist ein Unternehmen der Verlagsgruppe Bertelsmann

© der Originalausgabe 1992 by Wilhelm Goldmann Verlag, München
Umschlaggestaltung: Design Team München
Umschlagfoto: Gerd George/Ag. Focus, Hamburg
Satz: Uhl + Massopust, Aalen
Druck: Presse-Druck Augsburg
Verlagsnummer: 42380
UK/Herstellung: Heidrun Nawrot
Made in Germany
ISBN 3-442-42380-5

10 9 8 7 6 5 4 3 2 1

Where is what?

Das eine oder andere Vorwort 7

Kapitel 1
Der Anfang einer wunderbaren Freundschaft 11
(Ich liebe mich)

Kapitel 2
Mein erster Auftritt 19

Kapitel 3
Von Petzibären und anderen Haustieren 25

Kapitel 4
Original und Fälschung 39

Kapitel 5
Was spricht gegen Homosexualität? 49

Kapitel 6
Eine Frau ohne Mann ist wie ein Fisch ohne Fahrrad 53

Kapitel 7
Fasten your seat belts! 77

Kapitel 8
Störe ich? 89

Kapitel 9
Treffen sich 2 Hellseher. Meint der eine: »Was machst du
heute abend?« Meint der andere: »Mal seeeeeeehn!« 101

Kapitel 10
Wenn eine eine Reise tut 115

Kapitel 11
Meine Karriere und ich – wir beide 143

Kapitel 12
Ich kann essen, was ich will – ich nehme einfach nicht ab! . . 189

Kapitel 13
In den Zeitungen von gestern wird der Fisch eingewickelt . . 205

Kapitel 14
Darauf steh' *ich* wie 'ne Eins! 221

Kapitel 15
Andere über mich 225

Dictionary 239

Danksagung 247

Bildnachweis 249

Das eine oder andere Vorwort

Liebe Nation!
HERZLICHEN GLÜCKWUNSCH zum Kauf dieses Buches.
Jetzt hören Sie bloß das Jammern auf, von wegen teuer! Immerhin kostet eine Packung CRACKLIN' OAT BRAN 6 Mark 99! Und dieses *pupsige* Heftchen ABENTEUER IN DER ELFENWELT, VOGELGEISTER UND DÄMONEN, kostet 12 Mark 80! 12 Mark 80!!! Wenn da Picasso mitgemalt hätte, könnte ich es ja noch verstehen. Aber ein Comic-Heft für 12 Mark 80! Na bitte.
Das hier ist immerhin ein gebundenes BUCH! Auch wenn der Inhalt mühelos in ein Comic-Heft gepaßt hätte...
Sie sehen, ich will heimlich die SPIEGEL-Rezension vorwegnehmen. Aber ich bedaure Sie nicht.
Im Gegenteil.

Dicki sagte nach Lesen des Manuskripts, *er* wäre froh, wenn es so ein Buch über DONNI von NEW KIDS ON THE BLOCK geben würde. Es ist halt ein Buch für FANS. Also:

Liebe Fans!
Ich muß Euch enttäuschen.
Ich bin *nicht* mit einem grünen Vogel auf dem Kopf als 13te Tochter eines alkoholkranken Sumo-Ringers in Prag geboren worden; meine Mutter war *keine* 2 Meter 10 große kleptomanische Striptease-Tänzerin aus Rostock; ich bin *nicht* als blinde Passagierin mit 13

nach Übersee ausgerissen. Dies ist ein Buch über Kempers Hella aus der Wiesenstraße 10 (und jetzt schreibt, verdammt noch mal, nicht wieder alle an diese Adresse – da wohne ich nicht mehr!).
Also: ein Buch über *mich*.
Meinen stinknormalen Werdegang.
Meine Ängste.
Meine Komik-, Süßdrogen- und Jubidubi-Zentren.
Über meine Freunde und meine Familie.
Ich hab' von Anfang an gesagt: *Wie soll ich mit 30 ein Buch schreiben???*
Hier habt Ihr's also in den Fingern, und Ihr glaubt nicht, wie wichtig ich mir vorkomme, wenn es da so im Regal steht neben der UNENDLICHEN GESCHICHTE.

**Meiner Mutter
und
meinem Vater
gewidmet
und allen, die mich
lieben.**

Hannelore Sieglinde Schneider und Helmut Otto Kemper

Kapitel 1

Der Anfang einer wunderbaren Freundschaft (Ich liebe mich)

Ich wurde geboren.
Das muß ja so sein.

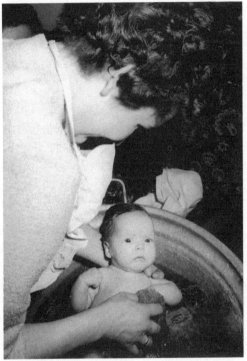

Ich im Plutschewännchen

Was bei meiner Geburt passiert ist – keine Ahnung. Mein Vater hat sich jedenfalls sehr gefreut und seine Familie nachts um 2 Uhr aus dem Schlaf geklopft, um ihr freudestrahlend zu verkünden: »Wir haben ein Mädchen!«

Ich bin definitiv ein Wunschkind! Mein älterer Bruder Hartmut (Hattu) ist 3½ Jahre älter als ich, und meine Eltern haben sich mit dem zweiten Kind, mit mir, Zeit gelassen. Ein Mädchen sollte ich auch noch werden, und so war es dann auch.

Meine Mutter hat zeit ihres Lebens behauptet, sie hätte *geplant*, daß ich ein Mädchen werde. Sie hat immer klasse mit Temperaturkurve verhütet, und bevor sie sich für meinen Bruder hat befruchten lassen, hat sie drauf geachtet: Eichen links, Eichen rechts, Eichen links, Eichen rechts... links, rechts, links, rechts. Sie hat darauf geachtet, welches Eichen bei ihr am Start war, als Hattu gezeugt wurde.

Bei *mir* hat sie dann drauf geachtet, daß das andere Eichen dran ist, denn sie wollte unbedingt die Kombination ihrer eigenen Kindheit wiederhaben. Brüderchen plus Schwesterchen.

Wollte Sie?

Na egal.

Zu allem Überfluß sollte ich auch noch ein Steinbock werden – so wie sie –, aber da kam schon mein eiserner Wille zum Vorschein: Ich habe mich strikt geweigert, ein Steinbock zu werden und habe die Eselsgeburt gegeben.

Deswegen kam ich zwei Wochen über der Zeit, am 2.2.1959 zur Welt. (Sagen Sie es niemandem weiter, ich möchte gerne die nächsten drei Jahre 30 bleiben. Danke fürs Gespräch!)

Ich bin geboren.

Dabei ist es ganz spannend, ob wiedergeboren – davon gehe ich aus – und zu welchem Zeitpunkt die Seele in den Menschen reingepupst wird. Das interessiert mich brennend.

Es kann nicht der Zeitpunkt der Geburt sein; wenn man da rausgezogen wird, da sind nur die Sterne am Start. Ich bin sicher, daß man vorher schon ein ganzer Mensch ist, mit Willen, Charakter und Eigenschaften, denn 'ne Frühgeburt kommt ja auch aus den Socken.

Das würde mich mal interessieren, *wann* die alte Seele in den Menschen kommt.

Ich bin der Meinung, daß die ersten 9 Monate, in denen man da im Mutterbauch rumschwimmt, kolossal prägend sind. Was kriegt

Baby da so mit an Geräuschen und Geschmäckern und Gefühlen der Frau Mama?
Meine Mutter hat behauptet, sie hätte sich in ihren Fahrlehrer verknallt, als sie mit mir schwanger war, und hätte mit ihm am End' auch angebändelt, wenn sie mich nicht erwartet hätte. Ich konnte es ihr nie richtig glauben, aber sie hat es irgendwann einmal erzählt. Außerdem hatte sie schweren Kalkmangel, sie hat sich immer schubbern müssen, hatte schwer das Kratzprogramm. Ich weiß nicht... Ich habe auch so eine fimschige Haut, meine Haut ist so was von fimschig... Am End' hat es ja da seine Wurzeln: bei der juckenden Mutter – daß moi sich auch so jucken muß?!
Ich denke, die Haut ist der Spiegel der Seele, und bei mir sieht man ganz schnell, ob ich mich gut fühle oder ob ich Streß habe. Dann blühen Püstelchen und Pickelchen und Pilzchen. Zum Glück kriege ich keinen Herpes. Ich rede zwar immer davon, daß ich einen pantomimischen Herpes kriegen könnte – vor Ekel, aber vergelt's Göttin: die Herpes-Vire an sich hat mich bislang nicht heimgesucht.

Meine Theorie vom Leben im Mutterbauch ist in bezug auf die verfickte Abtreibungsdiskussion der Schmocks problematisch, da die Kirche ja gerne ruft: »Mord! Mord!« und die Konservativen den »Schutz des Lebens« vor das Selbstbestimmungsrecht der Frau stellen.
Frauen haben über Jahrhunderte die Geburtenkontrolle in ihren Händen gehabt, und so muß es wieder sein!
Jede Frau hat das Recht, alleine zu entscheiden, ob sie einem Kind Leben gönnen will oder nicht. Und ob sie sich in der 3. oder 15. Schwangerschaftswoche entscheidet, ist mir persönlich Wurscht. Dann heißt es eben: Tschüß, Fötus! Diese ganze Männerpropaganda ist zum Kotzen: wie Frauen gedemütigt werden und wie ihnen ein schlechtes Gewissen eingeredet wird. Ätzend!
Ein Königreich für ein Matriarchat.
Ich lasse ja gerne raushängen, daß ich in meinem vorherigen Leben ein Delphin gewesen bin. Jedenfalls habe ich im Wasser gewohnt. Das steht fest.
Delphin liegt auf der Hand, rein Flippertechnisch.

Ich habe mich jahrelang dem sonntäglichen Nachmittagsspaziergang verweigert, um im ZDF FLIPPER zu kucken. Wenn die Serie von einer Krake gehandelt hätte, würde ich am End' denken: »Ich war eine Krake!« Oder ein Hering oder ein Piranha. Helli der Hering oder Petra die Piranha, oder am End' ein Barsch: Benni der Barsch. Von daher weiß ich nicht, inwieweit meine Vorstellung vom Vorleben als Delphin romantisch bzw. TV-technisch verklärt ist.

Rein Körpervolumentechnisch wäre ja auch Kati der Killerwal angesagt.

Aber ich denke schon, daß ich im Wasser rumgedümpelt bin. Es kann nicht daran liegen, daß ich Wassermann bin. Wassermann ist ja ein Luftzeichen und kein Wasserzeichen, wie der geneigte, astrologisch interessierte Leser weiß. Ich merke halt ständig heftig: Wasser ist mein Element!

Fürs WEIBERMAGAZIN war ich auf diesem Nehbergschen Survival-Training. Alles, was mit Höhe oder Abhang, Runterspringen oder Balancieren zu tun hat, macht mir angst, und ich verweigere mich. Aber vom 5-Meter-Turm springe ich ins Wasser wie 'ne Eins.

Opa und Oma Wette – Otto und Emilie Kemper

Ich kann mich nicht so richtig darauf einigen, ob ich ein mutiger oder ein feiger Mensch bin. Es gab immer wieder Situationen in meinem Leben, wo ich gedacht habe: Das war ja ganz schön mutig. Andererseits gibt es Gelegenheiten, bei denen ich denke, ich bin eher eine Schißbutze. Mal bin ich mutig, mal bin ich feige. Zwei Seelen wohnen, ach! in meiner Brust... Mal bin ich klug, mal bin ich dumm; mal bin ich schwach, mal bin ich stark.
Ich habe von beiden Elternteilen einen ganzen Sack von Eigenschaften und Anlagen geerbt: von meiner Mutter die Intuition, die Liebe zum Petzibären an sich, das etwas Schrullige und Individuelle, aber auch das Kreative und Künstlerische.
Von meinem Vater habe ich das Realistische und Rationale, das bürgerliche und angepaßte Moment geerbt.
Und von beiden zusammen habe ich Temperament, Ehrlichkeit, Solidarität, Kontaktfreudigkeit, Humor, Gerechtigkeitssinn, Intelligenz, Spaß an Rechtschreibung und den Hang zur Vorsichtsmaßnahme an sich in die Wiege gelegt bekommen. (Das Schwergewicht habe ich von drei Omis und einem Opi. Das gehört sich so.)

Oma und Opa Köln – Hedwig und Wilhelm Schneider

So habe ich von beiden sehr viele Dinge in mir, die sich zum Teil widersprechen, die aber in meine Persönlichkeit integriert sind und zu denen ich stehe. Es gibt nichts an mir, von dem ich sagen würde, das müßte ich jetzt mal dringend ändern. Ich habe keinen Leidensdruck und noch nie das Bedürfnis verspürt, mich auf eine Couch zu legen, um irgendwelche Klatschen aufzuspüren. Außerdem bin ich genug Hobby-Psychologin, um mir selbst auf die Schliche zu kommen.

Ich habe keine Rückführungen in Trance oder Hypnose gemacht wie 500 000 andere Feministinnen, die alle Priesterinnen, Tempelwächterinnen oder vergewaltigte Bäuerinnen waren, so daß ich außer Ahnungen keine konkreten Beispiele bezüglich vorheriger Leben geben kann. Außerdem habe ich tierisch Schiß vor solchen Rückführungen.

Seit neuestem habe ich die schrille Theorie, daß es eine andere Möglichkeit der Reinkarnation gibt: nicht nur von jetzt auf morgen, sondern auch von morgen auf gestern.

Bleiben Sie jetzt ganz ruhig! Zeit und Dimension ist doch schrecklich aufregend. Für mich nicht richtig durchschaubar. Für Sie etwa? Na also!

Warum soll es nicht möglich sein, daß die Seele am Todestag aus mir raushopst und 300 Jahre *zurück*reinkarniert wird? Warum muß es sein, daß alles nach vorne geht?

Ich glaube also sozusagen an »Präinkarnation«. (Für diesen Ausdruck hat Samy einen Groschen bekommen.)

Ich mag nicht sagen: »Ja, klasse, im nächsten Leben will ich ein Panther sein oder ein Pantoffeltierchen.«

Mir reicht das 20. Jahrhundert. Rein Umwelttechnisch teile ich die Vision, daß es in 200 Jahren keine Seen und keine Flüsse und keine Wälder mehr geben wird, und da habe ich schon mal überhaupt keine Lust drauf.

Zukunft und Technik faszinieren mich nicht so wie andere Menschen. Ich bin zwar jedesmal beeindruckt, wenn ich in einem Flugzeug sitze und fliege und weite Entfernungen überbrücke, aber es interessiert mich nicht, wodurch dieset Fluchzeuch am Fliegen jekommen is.

Wenn es denn möglich sein sollte, zurückzugehen, würde ich gerne noch mal im Berlin oder Los Angeles der 20er oder 30er Jahre leben. Das war eine spannende Zeit, sehr spannend.
Auch der Dinosaurier an sich trifft mein Abenteuer- und Jubidubi-Zentrum. Ich würde gern mal in einem Kaninchenfellfummel mit einer Keule bewaffnet auf einem Tyrannosaurus Rex reiten. Das fänd' ich toll!
Und dann natürlich die Antike: Griechen, Römer, Inkas und Azteken... Die großen alten Kulturen, von denen man heute noch den einen oder anderen Brocken findet; da würde ich gerne mal (zu deren Hoch-Zeiten) als Herrscherin mitmischen.
Deswegen stehe ich auf Hollywood-Filme wie bescheuert, auf den Monumentalschinken an sich, der uns für zwei Stunden zurückbeamt. Ohne Rücksicht auf realistische Recherche – Hauptsache: schön bunt und tapfer!
Mich interessieren keine Zukunfts-Visionen, etwa wie Köln im Jahre 2080 aussehen wird, sondern vielmehr, wie Köln 1080 aussah. Ich finde die Vergangenheit spannender als die Zukunft.
Da, wo wir heute sind, in den 90er Jahren, ist ja schon verdammt viel Zukunft! Wenn ich mir überlege, daß die Leute vor ein paar Jahren noch mit viereckigen Rädern rumgefahren sind... Da sind wir heute so verfickt weit mit Raumfahrt und Gentechnologie, daß mich der Gedanke an *noch* mehr Fortschritt anschnarcht.

Ich behaupte ja gerne von mir: »Ich bin die Frohnatur! Die Optimistin!« Aber in der Wurzel bin ich eher die Pessimistin. Ich habe ganz wenig Hoffnung auf eine bessere Zukunft unserer Welt. Dies ist unter anderem ein Grund, warum ich keine Kinder auf die Welt bringen würde und wollte, selbst wenn ich auf die Machart stünde.
Ich bin jetzt 30 31 32 33 34, habe selber Angst vor der Zukunft, und die Vorstellung, einen kleinen Menschen zu gebären, der in 60 Jahren mit Chimären Gassi geht und unter Sauerstoffzelten lebt, macht mir überhaupt keinen Spaß.
Wie war das noch? »Erst wenn du keinen Tropfen Sprit mehr im Auto hast und der Kühlschrank leer ist, wirst du feststellen, daß du

mit Pflanzen nicht bezahlen kannst« oder so ähnlich. Solange dicke alte Männer diese Welt regieren, wird es immer weiter Krieg und keinen Frieden geben.

Das einzige was mir vielleicht bleibt, wenn diese Fernsehschiene ausgereizt ist, in 10 Jahren oder in 15, ist, für eine neue Partei oder bestehende Partei zu kandidieren. Aber was bringt das?
Selbst wenn ich in der heutigen Zeit Bundeskanzlerin wäre, wäre ich doch genauso allen wirtschaftlichen und parteipolitischen Zwängen ausgesetzt wie jetzt Monsieur Kohl, oder?
Vielleicht könnte ich Fraueninteressen durchsetzen und es würde mehr gelacht im Bundestag. Aber ich kann mir kaum vorstellen, daß ich in dieser Funktion *wirklich* etwas verändern könnte. Wer bewegt denn was? Am End' sind es ja doch die Schauspieler, Stars und Sänger. Die haben den nötigen Glamour, um auf Regenwälder, Hungerkatastrophen und Armut aufmerksam zu machen. Manchmal bin ich so müde!

Kapitel 2
Mein erster Auftritt

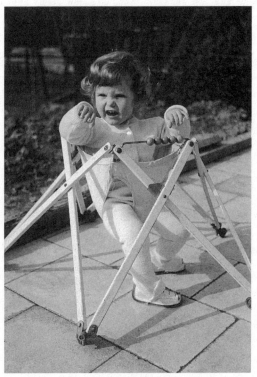

Die ersten »Tschakka-Tschakka«-Versuche

KONSUM
Genossenschaft Gummersbach
e. G. m. b. H.
Laden 50 - Gummersbach-Mühlenseßmar

Gummersbach, den 7.7.61

Das Kind Hella Kemper hat am 6.7.1961 in der Filiale der
K o n s u m - Genossenschaft Gummersbach, Laden 5o, Gummersbach-
Mühlenseßmar, 4 Flaschen Spirituosen im Gesamtwert von
DM 16,75 zerstört.
Frau Kemper hat den angerichteten Schaden durch Erstattung des
Gesamtbetrages beglichen.

KONSUM
Genossenschaft Gummersbach
e. G. m. b. H.
Laden 50 - Gummersbach-Mühlenseßmar

Helmut Kemper
Gummersbach,
Wiesenstrasse 10   Gummersbach, den 12. Juli 1961

An die
Gothaer-Feuerversicherung

<u>in Wuppertal-Barmen</u>
Friedrich-Engel-Allee 448

<u>Betr.:</u> Privat-Haftpflichtversicherung Nr. FEWGH 87 222.01.112

Aus der beigefügten Orginalbescheinigung der Konsum-Genossenschaft bitte ich zu ersehen, dass meine Tochter Hella am 6. ds. Mts. in der Filiale in Gummersbach-Mühlenseßmar einen Schaden von 16.75 DM angerichtet hat. Der Schaden ist dadurch entstanden, dass meine Tochter unbeaufsichtigt blieb, als meine Frau einkaufte und während dieser Zeit die Auslagen vor dem Schaufenster angestossen hat.

Mit Rücksicht darauf, dass es sich um einen verhältnismässig geringfügen Schaden handelt, hat meine Frau den Betrag von 16.75 DM sofort bezahlt. Ich melde den Schaden hiermit an und bitte um Erstattung des Betrages auf mein Konto 15428 bei der Kreissparkasse - Hauptzweigstelle - Gummersbach.

                                    Hochachtungsvoll

Gothaer Feuer

SITZ KÖLN

VERSICHERUNGSBANK AUF GEGENSEITIGKEIT

Gothaer Transport UND RÜCKVERSICHERUNG AG

140 JAHRE

Postanschrift: Gothaer Feuer (22a) Wuppertal-Barmen 1, Postfach 240

Herrn
Helmut Kemper

Gummersbach
Wiesenstr. 10

Verwaltungs-Direktion Wuppertal
Friedrich-Engels-Allee 448
Fernruf Sa.-Nr. 50411-12 u. 50582
Postscheckkonto Essen 23209
Bank
Commerzbank A.G.
Wuppertal-Barmen 32456
Drahtanschrift Gothafeuer
Kennbuchstabe G O

Ihr Zeichen	Ihre Nachricht vom	Unser Zeichen	Wuppertal-Barmen,
		hmhl	20.7.61

HS 3504.61.01 VD - Konsum / Kemper -
VS 87 222.01.112

Sehr geehrter Herr Kemper

Wir beziehen uns auf Ihr Schreiben vom 12.7. und möchten Sie
bitten, uns noch mitzuteilen, wie alt Ihre Tochter ist. Den
Entschädigungsbetrag in Höhe von aufgerundet 16.80 DM überweisen wir auf Ihr Konto 15428 bei der Kreissparkasse Hauptzweigstelle Gummersbach. Wir möchten noch darauf hinweisen, daß
Ihnen nicht gestattet ist, daß Sie ohne unsere vorherige Zustimmung eine Entschädigung auszahlen, da wir sonst den Versicherungsschutz versagen können. Wir bitten, bei künftigen Schäden darauf zu achten.

Hochachtungsvoll
G o t h a e r   F e u e r
Verwaltungs - Direktion

Geschäftsstelle
J. Rittinghaus
Marienheide, An der
Ringmauer 23, Ruf 321

Alle Versicherungen

Vorsitzer des Aufsichtsrats: Martin Vollert; Vorstand: Hans Spröde, Vorsitzer; Hans Herrmann, Dr. jur. Herbert Flick (sV); Dr. jur. Dieter Beck, Adam W. Klein, Joachim Leupold (stV)

Helmut K e m p e r
Gummersbach, Wiesenstrasse 10   Gummersbach, den 25.7.1961

An die
Gothaer Feuer-Versicherung

<u>Wuppertal-Barmen 1</u>
Postfach 240

<u>Betr.:</u> HS 3504.61.01 VD - Konsum / Kemper -
VS 87 222.01.112

<u>Bezug:</u> Schreiben vom 20. 7. 1961 - hmbl -

Ich bedanke mich für die entgegenkommende Bearbeitung meines
Erstattungsantrages. Falls ich Ihren Versicherungsschutz
noch einmal in Anspruch nehmen muss, werde ich die Regelung
mit dem Geschädigten Ihnen überlassen.

Meine Tochter Hella ist am 2.2.1959 geboren.

Hochachtungsvoll

Kapitel 3

Von Petzibären und anderen Haustieren

1. Unser Haus
2. Wiese
3. Garage, wo Molli wohnte
4. Seeräuberschiff
5. Plumpsklo, um über 3. zu Krügers Karls Kirschbaum 6. zu gelangen
6. Krügers Karls Kirschbaum
7. Garage mit Werkzeug (gutes Versteck)
8. Heedts Haus
9. Schillings Haus
10. Hof (Fußballplatz)
11. Büsche, in die Molli geworfen wurde

Es war eine schöne Kindheit.
Ich hatte ein Zimmer.
Mein Bruder hatte ein Zimmer.
Ein großes Haus.
Ein großer Hof.
Der Wald direkt nebenan.
Viele Tiere. Viele Nachbarskinder. Viel spielen. Viel draußen. Viel schwimmen. Viel fahrradfahren. Viel Fußball spielen...
... und eines Tages kam ich mit meinem Vater und meinem Bruder vom Schützenfest in Gummersbach. Mein Vater, aus der Familie der Jäger, sieht etwas im Busch rascheln und ruft: »Ein Igel, ein Hase oder ein...!?« Mein Bruder und ich sind unter den Büschen rumgerobbt, und da hatte jemand pfiffig ein Meerschweinchen ausgesetzt.

Das war dann Molli.
Molli wohnte fürderhin bei mir. Es vermißte natürlich niemand ein Meerschweinchen. Irgend jemand hatte dieses dicke Tier in die Büsche geworfen. Ich habe es gepflegt und fand das auch zuerst todschick. Wir hatten auch noch einen Hund: Stammbaumtechnisch Conny von Metropol, genannt Tobby – Widder.
Er hatte am 27. März Geburtstag wie meine Oma Köln. Tobby war aus der Familie der Foxterrier. Da mein Vater Jäger und Angler ist, ging Tobby immer klasse mit zur Jagd.

Noch heute spricht meine Familie mit nassen Augen von ihm, weil er ein absolut perfekter Hund war: Jagdhund, kinderfreundlich, Schmusehund, schlau, ausgeprägtes Komik-Zentrum. Der Foxterrier an sich ist definitiv mein Lieblingshund.

Conny von Metropol alias Tobby Kemper: Schmusehund, Jagdhund, ausgeprägtes Komik-Zentrum, unvergessen

Mein Großvater mütterlicherseits (Opa Köln) war Straßenbauunternehmer. Deswegen standen auf unserem Hof immer Planierraupen, Lastwagen und Anhänger rum. Es gab Sand und Steine, Schüppen und Hacken, Tonnen und Teer und drei Garagen, in denen Werkzeuge und Autos untergebracht waren – ein Paradies zum Spielen. Und in einer dieser Garagen lebte Molli.

Wenige Wochen nach unserem Kennenlernen vernachlässigte ich Molli schon übelst, da das Meerschweinchen an sich ja nichts anderes tut, als den ganzen Tag tumb zu fressen und zu kötteln; und wenn Helli mit ihm kleine Kunststücke einstudieren will, kneift es. Unter anderem mich in den Finger.
Und ständig muß dieser Käfig saubergemacht werden, was ziemlich anstrengend ist – rein Nasentechnisch.
Ein paar Tage war also das Meerschweinchen schon wieder um, ich meine, der Käfig war schon wieder um – und ich wollte ihn saubermachen. Zu diesem Zweck mußte ich dieses kleine, dicke Tier in einen Erdbeerpflückkorb legen, um die Bleche von dem festgebackenen Meerschweinchenurin säubern zu können.
In der Schreinerei nebenan holte ich immer Sägemehl für den Käfig, habe dann Löwenzahn ausgestochen und oben in der Küche gekuckt, ob bei Muttern auch noch was zu holen war.
An diesem Sommernachmittag wollte ich es Molli mal wieder ganz besonders nett machen, da ich Vernachlässigungstechnisch ein schlechtes Gewissen hatte.

Nachdem eigentlich alles schon fertig war (Molli duckelte immer noch unten in dem Erdbeerkörbchen), gehe ich ins Haus, um ihr noch ein wenig »kleine Kusine« zu holen: frisches Äpfelchen, Möhrchen, Rosenkohlreste vom Mittag, Kartöffelchen und so. Sie sollte die ganze Palette haben – ein kleines Meerschweinchen-Buffet, nur vom Feinsten.
Ich stelle also in der Küche alles zusammen und laufe die etwas abschüssige Wiese runter, da kommt mir Tobby aus der Garage entgegen, Molli apportierend. Er hatte die Garagen inspiziert und Molli mit einem fachhundischen Biß in den Nacken erlegt.

Er, als Jagdhund, kam ziemlich stolz mit diesem Meerschweinchen zu mir, worauf ich diese frisch zusammengeklaubten Äpfelchen und Kartöffelchen – das Buffet – fallen ließ und heulend, schreiend wie am Spieß zu meiner Mutter lief.
Da saß ich dann mit meiner Mutter auf dem Sofa; sie hatte mich im Arm, und ich heulte und jammerte erbärmlich. Meine Mutter natürlich: »Der Tobby, der konnte das doch nicht wissen! Der ist ein Jagdhund. Der denkt natürlich, er muß das machen. Der hat das bestimmt nicht extra gemacht...« Ich: selbstverständlich kurz vorm Kollabieren.

Während dieses unglaublichen Theaters kommt dieser Hund – der inzwischen geschnallt hatte, daß irgend etwas nicht richtig war bei seiner Aktion – ins Wohnzimmer; mit eingezogenem Schwanz, die Ohren zurückgelegt, völlig gebeutelt kommt er aufs Sofa gekrochen, kauert sich uns gegenüber, die Schnauze auf der Lehne, die Pfötchen auf der Schnauze, und kuckt uns tieftraurig an. Ich wimmernd. Meine Mutter erschüttert: »Jetzt kuck mal, dem Tobby tut das auch leid, er ist auch völlig fertig.« Daraufhin ich, unter Tränen Tobby tröstend: »Du kannst ja nichts dafür.« Wir heulten zu dritt laut und leise vor uns hin – ein weinender Foxterrier, eine weinende Mutter und eine weinende Helli –, worauf meine Mutter kurz entschlossen am selben Nachmittag in die Stadt gebrettert, in die nächste Tierhandlung geschossen und mit zwei brandneuen Meerschweinchen wiedergekommen ist: Pimpf und Pummelchen. (Dirk Bach fühlt sich bei dieser Geschichte gerne zu der pupsigen Bemerkung veranlaßt: »Pumpf und Pimmelchen«.)
Pimpf und Pummelchen wohnten dann zu zweit in dem Käfig und haben es sich nett gemacht.
Jedenfalls komme ich eines Tages nach Hause (meine Eltern waren inzwischen geschieden, und mein Vater hatte erneut geheiratet), und Renate Kemper ist ziemlich angestrengt und sagt: »Hella, ich weiß auch nicht, mit deinen Meerschweinchen stimmt was nicht, du mußt mal kucken.« Ich fand die beiden halb gelähmt in dem Käfig und habe sofort den Tierarzt angerufen: »Kommen Sie, machen Sie was.« Aber der wollte wegen zwei krepierenden Meerschweinchen

My first love

auf gar keinen Fall kommen. Ich sollte sie in die Praxis bringen. Ich wiederum habe mich *so* geekelt und war *so* erschrocken – ich wollte auf keinen Fall diese halbgelähmten Tiere anlangen.
Die kranke oder tote Kreatur an sich finde ich persönlich ziemlich anstrengend.
Mein Jäger-Vater drapierte auf diesem Meerschweinchenkäfig gerne den einen oder anderen toten Fuchs, und wenn ich im Keller Kartoffeln holte, hingen da erlegte Rehe und Hasen und bluteten aus. Als Kind bist du ja mehr auf dieser Walt-Disney-Welle: »Jubidubidu« – Bambi, Blume und Klopfer und so. Diesbezüglich war mein Papi eher mein Feind, obwohl er sonst ein rührender Vater war. Er ging mit uns Schlittschuh laufen, Schlitten fahren, Schwimmen und zur Schule. Mein Vater hat das ganze ›to take care‹-Programm« mitgemacht. Elternsprechtag, Impfen, Zahnarzt.
Meine Mutter war irgendwie da, arbeitete im Büro, fuhr auf Baustellen, wusch Wäsche, kochte, entwarf Teppiche, sammelte Platten, Bücher und China-Schnickschnack, ließ uns Donnerstag abends immer die amerikanischen Serien sehen, bis Papa vom Kegeln kam; und ich war definitiv in sie verliebt.
Als Pimpf und Pummelchen krank wurden, wohnte meine Mutter jedoch schon in Köln, und es war praktisch, daß Vater aus der Familie der Jäger war. Er hat kurzerhand seine Pistole genommen und Pimpf und Pummelchen erschossen. Das war das Ende der Meerschweinchen-Ära.

Tobby hat noch lange Jahre gelebt. Er ist richtig alt geworden.
Seit diesen Tagen ekle ich mich vor Meerschweinchen, Hamstern und Mäusen.
Viele Frauen haben ja eine Spinnen- oder Schlangenphobie. Ich jedoch liebe Spinnen abgöttisch, und mit Schlangen habe ich kein Problem. *Das kleine, huschende Pelztier an sich* ekelt mich wie die Hölle. Die kleinen rosa-kalten Pfötchen, diese kalten Knopfäuglein und die zitternden Näschen, dieses Pelzige, was in Löchern und Höhlen wohnt... Niedlich, aber doch nicht richtig zum Drücken und Schmusen wie ein Hund oder 'ne Katze oder ein Petzibär. Du kannst es nur so auf dir rumlaufen lassen. *Igitt!*

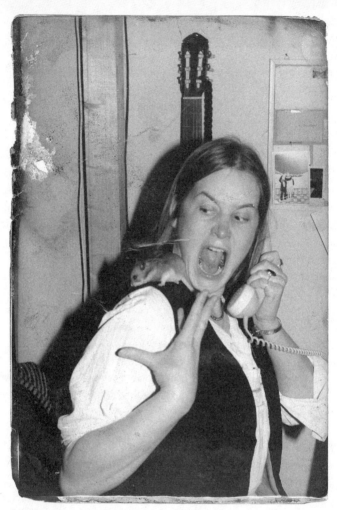

Ich hasse das huschende Pelztier an sich!

Zu dieser Zeit war auch Blutsbrüderschaft schwer modern. (AIDS war noch nicht angesagt.) Ich hatte eine Blutsschwester, Bianca Guth. Bianca hatte einen Dalmatiner (Max), und ich hatte eben Tobby.
Tobby war nur ein bißchen braun an der Schnauze, ansonsten war er schwarzweiß wie der Dalmatiner. Wir hatten Blutsschwesternschaft geschlossen und einen Club gegründet: S + H. Mit drei gemalten Hundepfoten und drunter »Strolche und Hunde« – wir waren natürlich die Strolche und überlegten uns, daß wir Spitznamen brauchten, Code- oder Tarnnamen. Bianca, mit einem Faible für Rußland, nannte sich Larissa, Clarissa, Bella. Ich selbst bevorzugte mehr bodenständige Namen wie Strolchi und Pfiffi.

Pfiffi hat sich bis zu meinem 18. Lebensjahr gehalten, und wenn ich heute Abiturtreffen habe, gibt es immer noch Schulkameradinnen, die mich Pfiffi nennen.

Ich wurde dann 13 14 15 16 und hatte nicht mehr so großen Spaß am Tier an sich. (Das bahnte sich ja damals schon mit Molli an.)
By the way: Schnittblumen kann ich auch nicht leiden. Ich habe mich immer gefragt, warum meine Mutter es gehaßt hat, Blumen geschenkt zu bekommen. Inzwischen mag ich es selbst nicht mehr. Diese Verwesungsnummer macht mich fertig.
Ein Blumenstrauß ist wunderschön; aber wenn die Blumen dann sterben, wenn sie um sind und das Wasser und die Stiele so sehr streng stinken, dann ist das nicht lecker, und man weiß auch nicht genau, wie man sie entsorgen soll. Wenn man einen Komposthaufen hat, ist es okay. Aber in der Stadt muß man sie in den Müll tun, und das ist schrecklich deprimierend: tote Blumen in den Müll zu werfen.
Ich beobachte Tulpen gerne. Tulpen zurzeln sich nach der Wärme, das finde ich total einen Knaller. Aber ansonsten kümmere ich mich nicht um Blumen. Die Zimmerpflanze an sich hat bei mir ein kurzes Leben. Verdorrte Yuccas pflastern ihren Weg... Insgesamt besaß ich drei Yuccas, und alle drei sind zu jämmerlich verdorrten Stümpfen vor sich hin vegetiert – ohne Wasser, ohne Nahrung.
Nichtsdestoweniger bin ich ein mütterlicher Typ, und Menschen können sich bei mir ausweinen und sich bei mir geborgen fühlen. Ich habe einfach nur kein besonderes Händchen für Zimmerpflanzen und Kleingetier. Mit Hunden Stöckchen werfen finde ich ziemlich öde, und wenn sie mir die Schnauze in den Schritt rammen, bin ich extrem angestrengt.
Vögel im Käfig finde ich völlig pervers. Ich kann nicht verstehen, wie man eine Volière zu Hause haben und so 'n Piepmatz den ganzen Tag hinter Gittern hocken lassen kann.
Die Katze an sich finde ich in Ordnung und schätze sie wegen ihres Bocks auf Individualität. Katzen sind schlau, magisch, elegant; und wenn sie schnurren und die Öhrchen nach vorne klappen, dann ist das ziemlich putzig. Aber ich möchte nicht mehr mit ihnen zusam-

menleben – ich sage nur: Katzenpisse, Flöhe und Krankheiten. Und wenn man sich an ein Tier gewöhnt hat und die dann wirklich den Löffel ablegen ... ich möchte nicht darüber sprechen.
Wenn man auf dem Land lebt, auf Bauernhöfen, mit Kühen, Schweinen, Katzen, Hunden, Hühnern, Kaninchen und Pferden, dann finde ich das toll. Das kenne ich auch, denn ich bin ja selber relativ ländlich aufgewachsen; meine Großeltern väterlicherseits (Oma und Opa Wette) hatten einen Bauernhof. Aber in einer Stadtwohnung haben Tiere meiner Meinung nach nichts zu suchen.
Für mich sind Petzibären das Nonplusultra.
Ich kann sie knutschen und knuddeln, überallhin mitnehmen, kann mit ihnen reden, und sie trösten mich tierisch.

Häsi ...

... bleibt Häsi. Von erfolgreichen Züchtern empfohlen

Besonders trifft es mein Jubidubi-Zentrum, wenn Petzi so auf dem Bett sitzt und denkt, er wird nicht beobachtet. Dann muß ich ihn mir sofort schnappen und ihm einen dicken Kuß zwischen die Ohren drücken. (Die Stelle ist auch schon ganz platt geschmatzt.) Rührend ist auch, wie die Petzis um Aufmerksamkeit buhlen: Das Wölfchen zum Beispiel war lange nicht mehr durchgedrückt worden und saß auch nicht auf seinem Platz, als Cornelia und ich es zwischen Tisch und Sofa wiederfanden – in schwerem Spagat überm Abgrund baumelnd, gab er uns den Armin Dahl. Oder zum Beispiel Konrad – der Tukan –, er ist ein arges Sensibelchen. Wenn er mal 3 Tage nicht im Mittelpunkt steht, wird sein schwarzes Fell aschgrau (klar, vom Staub), und er ist erst wieder zufrieden, wenn wir mal mit ihm »Wie plumpst der Konrad?« gespielt haben.
Petzibären kacken nicht auf den Teppich, haaren nicht (na ja, bis auf Räudi Carell) und werden nicht krank.
Sie werden nicht 10 Jahre alt und nicht 20; wenn du willst, werden sie 100 Jahre alt! Solange *du* lebst und *sie* liebst.

Deshalb ist der Petzibär an sich für mich das optimale Haustier. Okay, okay. Ich hau' hier auf die Kacke... Niemals würde ich einem einsamen Menschen sein Tier madig machen wollen. Hoffentlich bin ich nicht eines Tages drauf angewiesen – manchmal bin ich hundemüde.

DAS IST MEIN

PETZI

UND SO SIEHT PETZI AUS,

WENN ER SICH UNBEOBACHTET FÜHLT.

Kapitel 4

Original und Fälschung

Ich war ein sportliches und draufgängerisches Balg und wollte definitiv ein Junge sein.

Mit meinem Kurzhaarschnitt wurde ich oft für einen Jungen gehalten, zudem nannte ich mich gerne Herbert, was den burschikosen Eindruck eher unterstrich. Da ich in *allem* meinem großen Bruder nacheiferte, war ›Herbert‹ Pflichtprogramm und mein Schönstes, wenn beim Kopfsprung das Bikinioberteil flötenging.

Mein Bruder Hattu und ich haben beide früh schwimmen gelernt. Wir konnten gut schwimmen und können es immer noch. Als ich für eines der WEIBERMAGAZINE das Becken Schmetterlingstechnisch durchpflügt habe, ging ein Raunen durch das Bad: Wie, die dicke Frau kann schwimmen?

Mein erstes Fahrrad. Bei der Jungfernfahrt bin ich mit einem Schornsteinfeger zusammengeknallt und habe fürchterliche Senge bekommen.

Laufen und Springen liegen mir gar nicht. Alle Bewegungen an Land strengen mich an; trotzdem bin ich eher ein »sportlicher« Typ. Frau bleibt fit wie ein Turnschuh, wenn sie als Kind rumgetobt ist. Wie bereits erwähnt, wollte ich immer alles können, was mein Bruder auch konnte, ob es Schwimmen war, Tischtennis, Fußball, Fahrradfahren oder Doppelkopf... Leider hatte Hattu überall die Nase vorn, so daß ich mich auf »Everybody's Darling« spezialisiert habe.

Bei bestimmten Dingen hatte ich wiederum null Ehrgeiz, wie z. B. bei den »kniffligen Seiten« in HÖR ZU. Da gab es diese sonderbaren Rätsel mit Halbmonden, Vollmonden und zunehmenden Monden. Mich kannst du 2 Jahre lang in eine Zelle einsperren – ich kriege diese kniffelige Kacke nicht raus! Logisches Denken und Tüfteln ist nicht meine starke Seite.

Ich sperre mich wie ein altes Schloß. Aber andererseits: Wenn ich mich mal zu einem IQ-Test überreden lasse, zu der Vervollständigung dieser Ketten: ...2 4 6 8... und ergänze dann...10 12 14 16, da habe ich das Erfolgserlebnis schlechthin.

Ansonsten komme ich eher vom Kucken – HÖR ZU: Original und Fälschung. Wenn überm »Armen Poeten« von Spitzweg ein Drache hängt anstelle eines Schirms, bin ich voll vorne.

Ich war eine schlechte Schülerin, besser gesagt: eine mittelmäßige Schülerin. Bin aber nie sitzengeblieben, obwohl ich oft in den Zwischenzeugnissen 2–3 Fünfer hatte. In der Regel hatte ich Glück, mir wohlgesonnene Lehrer und gute Schulkameradinnen, die mir geholfen haben, mich haben abschreiben lassen oder mit mir gebüffelt haben.

In der 10. Klasse hatte ich in Mathe und Französisch 'ne 5. In Französisch, das wußte ich, hatte ich keine Chance, da bin ich über »Le ciel est bleu« nicht hinausgekommen. Also dann Mathe. Da habe ich mich mit Christiane Ochel hingesetzt und zwei Wochen gepaukt. Die Arbeit war 2, und ich hatte die Mittlere Reife.

Mein Klassen- und Lateinlehrer, Herr Huppertz, gab mir im Zeugnis mit auf den Weg: »Hella muß sich taktvoller verhalten.« Ich wußte zum Teufel nicht, was Takt ist. Außerhalb der Musik.

Wenn es richtig um die Wurst ging, klappte es auch. Zudem konnte ich ziemlich gut pfuschen, da gehört ja auch eine gewisse Aufgewecktheit zu. So habe ich mir tatsächlich das Kleine und Große Latinum zusammengepfuscht, da hat Christiane für gesorgt.

Wir wollten später zusammen Archäologie studieren. Mit der nötigen Motivation bin ich streckenweise auch allein aus den Socken gekommen. Ich hatte zum Beispiel bei »Frl.« Roth in Musik immer eine 4 oder eine 5, bis Frau Sodermanns kam. Frau Sodermanns war Musik- und Sportlehrerin, eine blonde, blauäugige, attraktive Person (warum sind alle Sportlehrerinnen blond?), und wir nahmen bei ihr Spirituals und Gospels durch: »Nobody knows the trouble I've seen, nobody knows but Jesus.«

Ich war total in sie verknallt und darüber hochmotiviert und hatte prompt in Musik eine 2.
Bei mir funktioniert alles nur über Motivation. Alles, was mit Mathematik, Chemie, Physik, Latein und Vokabeln zu tun hatte (wenn der Lehrer nicht ein Knaller war, oder ich nicht in die Lehrerin verknallt), da hab' ich mich immer nur recht und schlecht durchmanövriert.

Mein Abi habe ich dann mit 3,2 gemacht, dank der reformierten Oberstufe, in der mündliche Arbeit 50% zählt und Mathe in der 12. Klasse abgewählt werden kann. Leider habe ich bei Werner Schoppmann im Englisch-Leistungskurs nur Sechsen geschrieben, so daß ich meinen Numerus Clausus in der Pfeife rauchen konnte.
Aber ich wollte ja eh Schauspielerin werden.

Mit 12 13 14 15 16 war ich auch in Vereinen – im CVJM und im Schwimmverein. Da war ich 11 und ging gerne mit Trude Heider gemeinsam ein Stück des Weges nach der Schule nach Hause. Gertrude mußte zum Hepel rauf und ich durch die Lochwiese (wo ich Rolf-Dirk Wippenenbeck immer verprügelt habe) runter Richtung Mühlenseßmar, home.
Bevor sich unsere Wege trennten, standen Göörtrud und Pfiffi gerne noch 5 bis 10 Minuten so rum, zuzelten Colafläschchen, lutschten Mäusespeck und quatschten so 'n bißchen. Und genau an dieser Gabelung stand das berühmte CVJM-Heim. (Christlicher Verein junger Männer, Mädchen, Menschen.)
Gertrude *war* im CVJM. Inge und Friedel Maikranz leiteten die Truppe in Gummersbach, und Inge Maikranz kuckte öfter aus dem Fenster und sah, wie wir beide da so strunzten.
Wie der Rattenfänger von Hameln hat sie Gertrude dann irgendwann mal gefragt: »Wer ist denn dieses Mädchen?« Und Göörtrud hat geantwortet: »Das ist Hella Kemper, ihre Eltern sind geschieden.«
Da ging Inge Maikranz so was von das Herz auf, und sie hat gesagt: »Bring die doch mal mit.« So bin ich dann mal mitgekommen, Mittwoch nachmittags. Und das fand ich auch todschick. Christiane Ochel, Gabi Gutsmuths (Würstchen), Brigitta Lange und Renate Brust sind auch alle dabeigewesen, und so waren wir dann im CVJM. Als liebste und beste Freundinnen haben wir alle Phasen gemeinsam durchgeschnarcht.
Die Zeit im CVJM war eher spaßbringend. Es gab die berühmten Gebetskreise, in denen laut gebetet wurde, und das war doch sehr aufregend. So'n bißchen wie Theaterspielen. Wenn du jemandem beim Gebet zuhörst und selbst laut betest, das ist ja doch sehr

spannend. Dann wurde natürlich auch gerne das eine oder andere Lied gesungen, viel gebastelt und regelmäßig Freizeiten organisiert. Die »Jungenschar« und die »Mädchenschar« fuhren gemeinsam nach Krumbach (Österreich). Dort lag ich dann nicht nur vor Madagaskar, sondern endlich auch mit 5 Mädchen auf einem Zimmer.
Ein Hauch von »Ein Pferd im Internat«. Enid-Blyton-Bücher waren ja mein Schönstes. Internat war gleichzusetzen mit Mädchenfreundschaft und lesbischen Banden!
Ich habe erst mit 20 30 von Internierten gehört, daß Internat nicht unbedingt toll sein muß. Aber für mich, die ganz und gar Kleinbürgerliche, die alles aufregend fand, was nicht in ihren eigenen 36 Wänden in der Wiesenstraße ablief, war Internat der Inbegriff von Freizeit und Abenteuer.
Damals war ich mit Renate Brust zusammen, und nachdem das Licht aus war, haben wir abgewartet, bis wir regelmäßige Atemzüge hörten, um dann auf den schmalen Quietschebetten zueinanderzufinden. O ja. Ich erinnere mich gerne daran.
Aber auch mit den anderen Mädchen inszenierten wir »Programme«. Es kam nicht zu Intimitäten, aber wir schlüpften in Rollen und machten es uns nett. Mit Würstchen beispielsweise gab ich Tiz Laylor und Bichard Rurton. Wir ließen uns täglich scheiden, und wenn Feten im CVJM-Heim waren, verlobten wir uns wieder und fanden es todschick.

Das war die Zeit im CVJM. Wir waren Freundinnen, hatten tierisch Spaß und glaubten nebenbei an Jesus. Überall auf den Schulbüchern und Unterarmen stand: »I love Jesus«, und auf meiner Brust prangten massive Kruzifixe.
Es war die Zeit, in der unsere Schulkameradinnen zu Ten-Years-After-Konzerten trampten, und wir 5 schwebten beseelt auf kleinen Wölkchen durch die Schule und riefen: »Jesus lebt!«
Es war also irgendwie 'ne Sache, die zu der Zeit besonders originell war und mit der ich mich in den Vordergrund spielen konnte: Alles rockte, haute auf die Kacke, und ich sang Fahrtenlieder und gönnte mir Gebetskreise. Ich wollte gegen den Trend sein. Immer schon.

Aber von heute auf morgen kriegte ich einen Vorsprung und hab' gedacht: »Sag mal, das kann doch jetzt nicht dein Ernst sein, daß du da jeden Abend mit irgendeinem Schmock im Zwiegespräch in deinem Bettchen liegst. Du mußt alleine aus den Socken kommen!« Immer dieses »Bitte, lieber Herrgott; Herr Jesus, hilf mir, daß der Pfuschzettel nicht aus dem Ärmel rutscht und Tuffi ihn nicht entdeckt«, fand ich plötzlich mehr als komisch.
Holterdipolter bin ich mit 16 17 18 aus der evangelischen Kirche ausgetreten. Auf meinen Lebensweg mitgenommen habe ich nur den Konfirmationsspruch von Pfarrer Georg: (Matthäus 16,23) »Was hülfe es dem Menschen, wenn er die ganze Welt gewönne und nähme doch Schaden an seiner Seele.«

Und dann sind wir zu den Jusos gegangen. Da hatten wir andere Götter. Irgendwelche alten linken Säcke. Haben in der Stadthalle »Willi! Willi!« gerufen. Die Kreuze gegen rote Nelken getauscht. (Hihi, da fällt mir sofort Gisela wieder ein: »Wer war Karlieb Knecht?«)
Aber zurück zum Stück. Mit dem Schwimmverein, das war so: Das Kind an sich macht ja immer irgendwas: Ballett, Judo, Reiten oder weiß der Teufel was.
Ich war halt im Schwimmverein.
Ich konnte zwar gut schwimmen, aber die Erfolge bei den Gummersbacher Stadtmeisterschaften hatte ich eher deshalb, weil ich gerne die Jüngste war. Deswegen kriegte ich immer eine Handvoll Punkte als Bonus auf meinen Jahrgang, selbst wenn ich genauso schnell geschwommen bin wie die anderen.
Später bin ich dann, weil ich wirklich talentiert war, nach Dieringhausen gefahren, um für bundesweite Wettbewerbe zu trainieren. Da ging es arg professionell zu und war gar nicht mehr spaßig. Konditionstraining – 1000 Meter nur Beinarbeit, 1000 Meter nur Armarbeit; und ich mit hochrotem Kopf japsend auf den Styroporbrettchen.
Da kam keine Freude auf, und Freundinnen hatte ich auch nicht im Becken, weil Anette Pflitsch mit Eva Ackermann gluckte.
Also gab es auch keine Motivation. Das hat mich eher deprimiert.

Als dann meine Mutter Scheidungstechnisch eines Tages nicht mehr da war, stellte ich fest, daß Bier besser schmeckt als Chlorwasser. Einen richtigen Schwimmerfolg kann ich nicht raushängen lassen. Ich bin nicht über Gummersbachs Stadtgrenzen hinausgeschwommen. Aber ich war halt jedes Jahr Stadtmeisterin, zusammen mit 6000 anderen Gummersbachern – Jahrgang 62 61 60 59 58 57 ... Ich war gut und erfolgreich in allen Disziplinen, wobei ich jedoch die Beintechnik vom Brustschwimmen bis zum heutigen Tage nicht beherrsche.

Bei jedem Sieg gab es immer so schöne kleine Eichenblättchen, in Gold, Silber und Bronze mit blauweißen Schlüppchen dran, da stand »Stadtmeisterschaften Gummersbach 1969 1970 1971 1972« drauf, aber meine habe ich irgendwann mal Sabine Grimberg (Hummel) geschenkt. Sie fand sie toll, und mir haben sie nicht mehr so viel bedeutet.

Torsten findet TV spannend. Hier nach WETTEN DASS?

Wenn ich jetzt am Biertisch säße und einer würde sagen: »Ich bin klasse im Golf«, dann haue ich auch auf die Kacke und sage: »Und ich, ich bin klasse im Schwimmen.« Wenn aber jemand zu mir sagt, du bist doch so toll im Schwimmen... Na ja, *so* toll nu ooch nicht. Meine Mutter hat mich teilweise zu diesen Wettkämpfen begleitet, sie war sehr stolz. Mein Vater war ebenfalls sehr stolz. Und darüber habe ich mich sehr gefreut, denn es gab ja sonst nicht so viel Freude zu Hause und nicht so viele gemeinsame Erfolgserlebnisse. Wenn Hella dann beim Schwimmen gewann oder Hartmut beim Tischtennis oder beim Handball, hing stundenlang der Haussegen gerade. Sportliche Erfolge wurden bei uns sehr zufrieden registriert, weil wir schulische Erfolge nicht boten.

Bei meinem kleinen, 1 Meter 97 großen Halbbruder Torsten ist es umgekehrt: Er ist jetzt 18, sportlich eher unbegabt, dafür bringt er aber Einsen und Zweien mit nach Hause, und so hat die Familie auch heute ihre Erfolgserlebnisse.

Ich find's toll, wenn er beim TRIVIAL PURSUIT sämtliche Tortenstücke einheimst, während ich nur mit der »Pink-Ecke« rumkrebse.

Kapitel 5

Was spricht gegen Homosexualität?

Kapitel 6

Eine Frau ohne Mann ist wie ein Fisch ohne Fahrrad

Als ich im Winter '77 nach Köln ging, hatte ich den Namen Hella akzeptiert – in Kombination mit »von Sinnen«.
Ich war nicht mehr Pfiffi, aber auch nicht Hella Kemper. Ich war Hella von Sinnen.

Abi-Umzug 1977. Die Ratten verlassen das sinkende Schiff.

Auf den Namen bin ich durch Margit Otterbach (Gitti) gekommen. In der Schule war sie eine Stufe unter mir. Wir lebten für die SESAMSTRASSE, kauften MAD-Comics und haben uns gegenseitig auf dem Pausenhof mit Sabine Escher und Susanne Hellwig Buchstaben verkauft – hektisch-geheimnisvoll das Mantelrevers aufschlagend: »Do you want to buy an ... S?«

Gitti machte ein Jahr nach mir Abitur. In Gummersbach gibt es traditionell einen Abi-Umzug, um sich von den Bürgern feiern zu lassen. Man leiht sich Trecker und Anhänger von den benachbarten Bauern aus und schmückt die Wagen unter einem bestimmten Motto

Abi-Umzug 1977 Gummersbach. Ich als Ratte.

(unseres war: »Die Ratten verlassen das sinkende Schiff«), und dann rollt man halt mit diesem Umzug durch Gummersbach. Auf jedem Wagen ist ein Fäßchen Bier; da wird richtig gefeiert.

Ich studierte bereits in Köln und kam an diesem Samstagvormittag extra nach Gummersbach, um Gitti und ihrer Clique zu gratulieren. Sie war britzebreit, wir sahen uns schon von weitem über den Schulhof, liefen aufeinander zu, fielen uns in die Arme, und Gitti rief: »Gestatten! Margit von Sinnen!« Sie konnte es nicht fassen, daß sie das Abitur bestanden hatte.

Wie der Blitz (wirklich wie der Blitz!) durchfuhr es mich: »Von Sinnen!« Das war mein Künstlername! So mußte ich mich nennen: »Hella von Sinnen«. Ich fragte Gitti: »Kann ich den haben? Kann ich mich so nennen?« Sie sagte: »Nimm ihn, du kannst ihn haben, ich schenk' ihn dir!«

Später habe ich sie mal gefragt, ob sie sich den Namen selbst ausgedacht hat. Sie hat natürlich gesagt: »Na klar!« Aber Gitti ist aus der Familie der Lügenböldinnen. In der deutschen Übersetzung von MAD heißen die Figuren aus den Don-Martin-Comics (mein Lieblingszeichner in MAD): Friedemann Fröhn, Konrad Kaputnick oder Mafalda von Sinnen. Daher hatte Gitti definitiv »von Sinnen«.

Pseudonyme oder Spitznamen habe ich immer gern gehabt. Ich taufe auch gerne andere Menschen neu. Das ist ein Faible von mir und besonders praktisch.

Da ich ein Namensgedächtnis habe wie ein totes Schwein, memoriere ich die von mir kreierten Namen besser.

Mit dem Namen Hella von Sinnen kam auch das Gefühl »Hella = Frau«.

Die ersten Jahre in Köln wohnte ich mit Christel Bietz (Bietzi) zusammen. Christel war eine gute Freundin und ein paar Jahre älter als ich. Sie hat mir geholfen, diverse »G'schamigkeiten« loszuwerden.

Meine Eltern habe ich in meinem Leben nicht nackt gesehen. Wir hatten zu Hause ein eher verspanntes Verhältnis zu Sexualität und Körperlichkeit. Von meinem Vater bekam ich ab meinem 12. Lebensjahr jährlich das Buch WOHER KOMMEN DIE KLEINEN BUBEN UND MÄDCHEN? in die Hand gedrückt.

Das war alles, was bei uns an Aufklärung lief. Und dann lief Christel splitternackt durch die Bud'. Später Claude. Sie haben mich miterzogen, ein natürliches Verhältnis zu Nacktheit, meinem Körper, meinem Frau-Sein zu entwickeln. Wie wichtig für mich!
Ich denke nicht, daß ich ein verstümmelter oder verkappter Mann, in einem Frauenkörper gefangen, bin. Ich bin Frau, Teenager, Kind und Mann.
Ich lebe alle Anteile ungehemmt aus – in meiner Liebe, meinem Leben, beim Sex und in meiner Kreativität. Ich liebe meinen Körper. Ich liebe es, als Frau *lesbisch* zu sein.
Klar, ich lasse auch gern mal den Kerl raushängen. So what.
Meine erste große Liebe war Renate. Mein erstes sexuelles Erlebnis hatte ich mit 13: Karnevalsfete. Blues tanzen. Beide lutschen an einem Weingummi. Zack... Der erste Zungenkuß!
Alle! Alle! Alle! haben in der »pubertären Phase« bisexuelle Erlebnisse: Die Jungs balgen rum, kriegen einen Ständer, holen sich zusammen einen runter und leben nicht unbedingt die nächsten 70 Jahre schwul.
Mädchen machen genauso Doktorspiele. Streicheln, küssen sich. Spielen »Mann« und »Frau« und schwärmen für ihre Lehrerin. Die Triebe regen sich. Du willst es wissen.
Ich bin dabei geblieben.
Es hat mich mehr erregt, mit Mädchen zusammenzusein, als mit Jungs rumzuknutschen. Erst habe ich gedacht, ich bin bisexuell. Ich hatte Angst, den ersten Schritt zu tun, *lesbisch zu leben*. Es ist ja doch schwer, das Außenseiterinnen-Programm. Ich hatte Angst, mich zu bekennen.
Warum ich inzwischen ständig raushängen lasse, daß ich lesbisch bin? Der wichtigste Grund ist sicherlich: Ich kann schlecht lügen! Ich kann *so* schlecht lügen. Wenn ich lüge, werde ich rot, unsicher, verlegen, und es geht voll nach hinten los. Heucheln kann ich auch nicht. Wenn du mir einen blutigen Lappen Fleisch vorlegst, werde ich nicht sagen: »Hmmmmh! Wie lecker!« und ihn mir reinzwängen.

Die Detektivin
Elli Goodyear

Will sagen, es ist weniger anstrengend für mich, die Wahrheit zu sagen, als zu lügen. Dazu kommt, daß ich stolz bin auf mein Lesbischsein. Ich bin stolz darauf! Ich fühle, es ist die richtige Entscheidung in meinem Leben. Und gleich werde ich euch erzählen, warum ich Frauen liebe – es gibt 1000 Gründe!

Doch zuerst zu meinem »coming out« – also: wie ich öffentlich bekannte, daß ich lesbisch bin.
Glaubt mir, bis zum November '90 habe ich meinem Vater die 8 Buchstaben nicht ins Gesicht gesagt. Klar wußte er es immer – ich habe seit 12 Jahren »Schwiegertöchter« mit nach Hause gebracht; es war unausgesprochen klar. Aber ich habe es nie verbalisiert.
Nun gab es diese BAMBI-Verleihung, wo ich voller Rührung, Liebe und Dankbarkeit meinen Eltern und meiner »Gattin Sabine« vorm Publikum gedankt habe.
So, und was passiert? Mein Haussender schneidet beim TV-Mitschnitt diese für mich sehr wertvolle, intime Aussage raus, und ich beschwere mich in ZEIL' UM ZEHN bei Beate Wedekind darüber.
Am nächsten Mittag rufe ich meinen Vater an und diskutiere mit ihm darüber, als hätten wir seit 20 Jahren über nichts anderes gesprochen. Er meint nur lapidar, ich solle mich nicht immer so für »die Sache« einsetzen, es könnte mir eines Tages schaden.
Und nun zu dem Schaden an der Karriere. Meine Mutter, alle Freunde und Kollegen wußten immer um meine Entscheidung für Frauen. Es hat mich noch nie den Job gekostet. Okay, okay! Ich bin privilegiert. In meinem Job laufen genügend Schwule und Lesben rum. Wir werden toleriert. Man ist ja so schön bunt und originell.

Cornelia hatte nach *ihrem* »coming out« keine Anstellung mehr. Sie sollte in der DKH von allen repräsentativen Aufgaben zurücktreten. Nach Meinung der Deutschen Krebshilfe ist »ihre Veranlagung eine Zumutung für den Spender!« Daraufhin hat man sich in »gegenseitigem Einvernehmen« getrennt.

Wir haben Hunderte von Briefen und Unterschriftenaktionen zugesandt bekommen. (Die Krebshilfe im übrigen auch!) Die Absender – selbstverständlich auch Schwulen- und Lesbengruppen, vor allem aber »normale« Mitbürger – haben sich gefragt, ob die Spende eines gleichgeschlechtlich liebenden Menschen nutzloser ist als die eines heterosexuellen. Sie haben sich zu Recht über die Intoleranz und Borniertheit eines »gemeinnützigen Vereins« aufgeregt.
Wir leben im 20. Jahrhundert! Nicht die Hautfarbe, Partei- und Religionszugehörigkeit, sexuelle Veranlagung oder was auch immer darf Anlaß zu Diskriminierung und kriegerischen Aktivitäten geben.

Ich bin gegen sexuellen Mißbrauch von Kindern und Inzest. Das hat etwas mit Machtmißbrauch zu tun. Aber ansonsten bin ich der Meinung der Alten-Fritz-Tucke: JEDER NACH SEINER FAÇON!
Ich will nicht wissen, was in bundesdeutschen Schlafzimmern los ist. Sollen sich alle an ihre eigene Nase fassen, bevor sie glücklich Liebende verunglimpfen. Dennoch ist der Mob besser als sein Ruf. Bis heute haben nur wenig Verirrte mir *ins Gesicht* gesagt, daß ich eine perverse Idiotin bin. Die meisten haben Respekt vor dem aufrichtigen Gefühl.

Und damit komme ich zum Fazit für alle ratsuchenden pubertierenden und erwachsenen Homosexuellen: Ich bin der Meinung, wir sollten vor uns, der Familie, der Gesellschaft dazu stehen. Je mehr von uns, desto besser.
Ich behaupte, mindestens 20% der Bevölkerung sind homosexuell. (Ich werde den Teufel tun und jetzt Prominente »outen«.) Viele, die am lautesten schreien, wissen, wogegen sie hetzen, weil sie es selber gerne ausleben würden. Was »normal« ist, hängt von der Seite des Betrachters ab.
Wenn sich alle Homosexuellen bekennen, wird es in 10 Jahren kein Spießrutenlaufen mehr geben. Vermieterinnen werden kein gleichgeschlechtliches Paar abweisen, und kein Betrieb wird die Einstellung von der Einstellung abhängig machen.

Und unter uns: Es lebt sich einfach besser, wenn es alle wissen. Keine Heimlichtuerei, keine Magengeschwüre, keine roten Ohren bei Verdachtsmomenten. Endlich Hand in Hand über die Straße gehen, sich küssen, lachen und glücklich sein.
Wenn ich in einem Job bin, mit Menschen lebe, die mein Schönstes nicht von mir wissen dürfen oder mich gar deshalb ablehnen – tut mir leid! Dann habe ich den falschen Job, die falsche Familie und die falschen Freunde. Die kann man/frau sich zwar nicht immer aussuchen, aber ich finde, es lohnt sich, für bessere Verhältnisse zu sorgen.
Hauptsache, du hast ein Verhältnis mit der (dem), die (den) du liebst!

Zurück zum Stück: Ich bin damals also erst mal offiziell mit Burschen »gegangen«. Aber eigentlich habe ich die ganze Zeit gewußt: Mit den Jungs, das ist es nicht! Danke fürs Gespräch.
Mit 18 hatte ich mein erstes offizielles »coming out«. Die letzte Entscheidung für Frauen ist in Paris gefallen.
Zuerst »ging« ich mit Stefan D., 3½ Jahre älter als ich, seit Kindertagen mein Busenfreund. Mit ihm hab' ich immer klasse Schwerter gebastelt und hab' im Wald PRINZ IVANHOE, SUPERMAN und WINNETOU inszeniert. Wenn er in den Ferien zu Besuch kam, sind wir den ganzen Tag im Wald rumgesprungen, haben Buden gebaut, gekämpft und geraucht.
Jetzt hatte er eines Tages schwere Informationen aus dem Bereich der Sexualität, saß mit mir im Wald und klärte mich darüber auf, was es so alles gibt zwischen Männern und Frauen. Wir beschlossen: »Wir gehen jetzt miteinander!« Ich war 15, er 18.
Als dann eines Tages Stefan und Christiane das Pärchen raushängen ließen, stand für mich fest, daß ich mit seinem großen Bruder Volker gehen mußte. Das lag nahe, weil ich beide seit 100 Jahren kannte.
Mit Volker nun fuhr ich Ostern nach Paris. In unserem Hotelzimmer gab es ein Doppelbett und ein Einzelbett, und ich rief fröhlich pfeifend: »Volker, du gehst ins Doppelbett, und ich nehme das kleine Bett.« Ich warf mich also aufs Einzelbett und rollte im selben Moment auf den harten Boden, da die Sprungfedern kaputt waren.

Das bedeutete Doppelbett mit Volker.
Es war definitiv die letzte Nacht, die ich mit einem Pelzmännchen verbracht habe.

Das Rollenspiel, das zwischen Mann und Frau abläuft, »erobert werden wollen«, »angeflirtet werden«, schnarcht mich an. Ich wollte immer selber erobern. Selber flirten. Selber anmachen.
Inzwischen haben sich die Zeiten ja geändert. Frauen können genausogut anbaggern wie Männer. Trotzdem haben viele Männer Potenzprobleme, wenn Frauen ihnen zwischen die Beine fassen und sagen: »Ich will mit dir schlafen.« Ich persönlich wollte immer gerne in der Sexualität aktiv sein und die Initiative ergreifen. Mit Frauen klappte das auch hervorragend. Ich liebe Frauen!

In der BUNTEN hat sich der berühmte Axel T. ja gefragt: Ist Hella von Sinnen der Mann oder die Frau? Da kann ich die geneigten LeserInnen gerne aufklären: In sämtlichen Beziehungen, die ich bisher hatte, war es für mich nicht die Frage, ob ich oben oder unten liege. Im Sex sollten sämtliche Spielarten praktiziert werden. Es interessiert mich nicht, 40 Jahre lang die Missionarsstellung durchzuziehen. Ich habe viel Phantasie, Einfühlungsvermögen und pfiffige Einfälle, um mein Sexleben recht bunt und fröhlich zu gestalten. Für mich ist alles, was »oneway« ist, uninteressant. In einer Partnerschaft wie auch in der Gesellschaft. Ich bin für Gleichberechtigung und für Abwechslung – im Bett und im Staat.

Frauen und Männer sprechen zwei verschiedene Sprachen. Wie Hund und Katze. Wedelt der Hund mit dem Schwanz, zeigt er, daß er sich freut. Die Katze signalisiert, daß sie hart drauf ist. Damit fängt es schon mal an.
Ich sehe gern, wenn 22 Männer hinter einem Ball herlaufen und sich sportlich betätigen. Wenn sie muskulös sind.
Ich kann mit heterosexuellen Männern Scherze machen.
Sie sind klasse Kumpels, tragen eine Kommode, wenn nötig, vier Treppen hoch.
Ich kann mit ihnen Skat spielen und Billard. Kann mit ihnen

flippern. Mit ihnen Wettsaufen veranstalten und schmutzige Witze erzählen.
Ich arbeite auch gerne mit ihnen zusammen (wenn sie nicht nach Katzenpisse riechen). *Aber ich kann mit ihnen nicht die Seele baumeln lassen.*
Ich will's halt mit Frauen. Es ist phantastisch, wieviel es mir gibt. Ich habe Schwester, Mutter, Geliebte, liebste und beste Freundin – alles in einer Person!
Es ist so viel Verständnis und Vertrauen da. Wir brauchen nichts zu erklären. Brauchen die ganzen Spielchen nicht. Die ganzen Hin-Weg-Spielchen, die du mit Männern machen mußt, um Gefühle zu erklären, um Grenzen abzustecken, Haushaltsgeld zu erstreiten. Bis hierhin und nicht weiter. Dies und das. Jetzt und hier.
Frauen wissen, wie es ist, wenn sie ihre Tage haben. Wissen was PMS ist. Sie wissen, was *schwärmen* ist, *weinen, verraten.* Frauen können treu sein, albern sein, mutig sein.
Sie sind hysterisch, solidarisch, ehrgeizig, intuitiv und realistisch. Sie sind leidenschaftlich, stolz und klug. Sie sind zärtlich, riechen gut und schmecken besser. Außerdem können sie besser Auto fahren, nähen und kochen, was die Frage aufwirft, warum Michèle Mouton im Renngeschäft eine Ausnahme war, warum sich in der Haute Couture ausschließlich Schmocks (na gut, Tunten) tummeln und der 3-Sterne-Koch an sich keine Frau ist.
Ich liebe Frauen!
Daß Sex unter Frauen eine Sensation ist, brauche ich wohl nicht extra zu betonen?! Ich weiß, was *mich* scharf macht, und *sie* auch. Schon als kleines Mädchen ist es mir auf den Tränensack gegangen, daß Jungs »mehr dürfen« als Mädchen. Das sah ich ja bei meinem großen Bruder. Ich habe damals nicht akzeptiert, daß das unter anderem daran lag, daß er 3 ½ Jahre älter war als ich (was ziemlich viel älter ist, wenn du 4 5 6 7 8 9 10 bist), und sich erst wieder versendet, wenn du 50 60 70 bist, sondern ich bin davon ausgegangen, daß hier eine schwere Ungerechtigkeit am Start ist: Er ist ein Junge, und ich bin ein Mädchen. Deswegen darf er bestimmte Dinge, die ich nicht darf. Das hat mich ziemlich früh angeschnarcht. Ich habe sämtlichen Goldschatzcharme in die Waagschale geschmis-

sen, um mithalten zu können, was eben ausartete in der Nummer, daß ich »Herbert« gab. Ich dachte, der beste Weg, alle Hattu-Privilegien zu bekommen, liegt darin, ein Junge zu sein.
Das hat sich damals an kleinen Dingen festgemacht, daß Hattu zum Beispiel den Müll runtertrug, was 2 Minuten in Anspruch nahm, und Helli den Tisch decken mußte, was etwa 10 Minuten dauerte. Natürlich bekam er von vornherein als Stammhalter eine Carrera-Bahn geschenkt, Lederfußbälle und Metallbaukästen, während Helli über Schlummerle und Träumerle Freude heucheln mußte. Das hat mich gewurmt.
Ich fand es auch doof und ungerecht, daß Jungs stärker waren als Mädchen. Mein großer Bruder hat mich gerne gedemütigt, indem er

Hattu und Helli

beim Kämpfen gewonnen hat und so lange auf meinen Oberarmmuskeln herumgeritten ist, bis mein Widerstand gebrochen war.
»Gibst du auf?«
»Nein.«
»Gibst du auf?«
»Nein.«
»Gibst du auf?«
»Wimmer!«
Den Frust mußte ich dann an Rolf Dirk Wippenbeck abreagieren. Für jede meiner Heimniederlagen mußte Rolf Dirk Federn lassen. Es gibt ja von Ursela Scheu das berühmte Buch WIR WERDEN NICHT ALS MÄDCHEN GEBOREN, WIR WERDEN DAZU GEMACHT.
Es gibt statistische Untersuchungen darüber, daß Baby-Schmocks länger von Müttern gestillt werden als unsereine. Deswegen werden Burschen automatisch kräftiger. Unterstützt dadurch, daß man ihnen (angeblich) spezifisch Schmocktechnische Hobbys und Sportarten zugesteht, entwickeln sich ihre Muskeln auch kompakter als bei Mädchen. Und daß man ihnen Ratio und Logik unterstellt, ist eh ein alter Hut. So spielen Jungs Fußball und spezialisieren sich auf Naturwissenschaften, während Mädels den Kinderwagen vor sich herschieben, Jazzgymnastik machen und auf Puddingzweigen glänzen. Oder ist das heute nicht mehr so extrem?
Übrigens bin ich gegen Koedukation. Mädels sollen unter sich am Computer spielen.
Aber bevor ich dieses Scheu-Buch in die Finger bekommen habe, trat erst mal via Medien Alice Schwarzer in mein Leben. 1976 ging das für mich los mit der Frauenbewegung. Sie schwappte sogar nach Gummersbach rüber. Und 1977 gab's die erste EMMA.
In der Schule wurde diskutiert. In zwei Parteien. Da waren die jungen Frauen und die jungen Burschen. Die Mädels waren sich einig, und die Jungs fühlten sich bedroht. Also haben wir eine Frauengruppe gegründet.
Männerbünde gibt's ja en masse. Frauen mußten und müssen erst mal lernen, unter sich zu sein und Erfahrungen auszutauschen. Bei Diskussionen mit Männern werden permanent ihre Standpunkte relativiert, sie werden eingeschüchtert oder übersehen.

. Jahre später war ich Covergirl

Ich finde den feministischen Ansatz, daß Frauen gemeinsam stark sind, nach wie vor aktuell. Daß die Jungs es nicht ertragen können, ausgeschlossen zu sein, ist klar – interessiert aber nicht.
Wir trafen uns in »Karins Lädchen«, einer Secondhand-Boutique in Gummersbach, so um die 10 Frauen. Anita Kothe und Susanne Schulte waren die Initiatorinnen, und dann haben wir Woche für Woche diskutiert. Die meisten von uns waren aus meiner Stufe, aber es kamen auch ältere Frauen dazu.
Ich erinnere mich noch gut an eine der ersten Diskussionen. Da ging's um die Anrede Frau oder »Fräulein«. Damals dümpelte ich noch in der Phase der Selbstfindung vor mich hin und wußte noch nicht genau, wer oder was ich bin – »die Hella« oder »das Pfiffi«? Ich habe mit hochrotem Kopf gerufen: »Ich bin doch ein Fräulein, keine Frau. Ich bin nicht verheiratet, und mit 16 17 18 19 bist du eben ›Fräulein‹!«
Aber die Argumente der anderen Frauen haben mich überzeugt. Eine gleichartige Differenzierung bei Männern gibt es nicht. Es gibt kein Herrlein oder gar Männlein. Es gibt ausschließlich nur *Herren*. Fräulein signalisiert unter anderem: »Ich bin für den Heiratsmarkt offen!« und öffnet Tür und Tor für Anzüglichkeiten und Sexismen. Kombiniert mit der Vision, daß wir nur durch die Herren der Schöpfung zu »vollwertigen« Frauen begattet werden können, fand ich »Fräulein« von Stund an unerträglich und bestand von nun auf auf »Frau Kemper«.
Erstaunlicherweise gibt es zuhauf ältere Damen, die auf ihr Frl. *bestehen*. Ich kann es mir nur so erklären, daß sie besonders stolz darauf sind, der Ehe entwischt zu sein – zu Recht, aber in 20 Jahren wird »Fräulein« hoffentlich aus dem deutschen Sprachgebrauch gekickt sein.

Es folgten in unserer Frauengruppe weitere anregende Diskussionen, unter anderem über Sexualphantasien, sexistische Werbung, Diskriminierung und den § 218.
Wir ließen die frisch entdeckte Frauenseele untereinander fliegen, und ich kriegte klare Gedanken. Es war meine erste Berührung mit Feminismus, Frauenkampf und Frauensolidarität.

Wir haben tapfer Informationsstände in der City gemacht und pfiffige kleine Plakate gemalt: »Eine Frau ohne Mann ist wie ein Fisch ohne Fahrrad«. Wir haben mit den Gummersbacher Passanten auf der Straße diskutiert und waren drupp.

Nach dem Abitur löste sich die Frauengruppe auf. Wir gingen alle in verschiedene Städte, studierten und hatten noch 1 oder 2 Jahre Kontakt. Mit Bietzi bin ich damals zusammengezogen, und Brigitta hat die Bonner Frauenszene bereichert; sie arbeitet jetzt bei der EMMA.

Als ich mit der Frauenbewegung in Berührung gekommen bin, habe ich festgestellt, daß es wichtig ist, Stellung zu beziehen. Es gibt ja genügend Lesben, die nichts mit der Frauenbewegung zu tun haben und die frauenfeindlicher sein können als jeder Kerl. (Das können die berühmten »kessen Väter« sein, müssen aber nicht.)
Ich bin eine feministische Lesbe. Bine würde jetzt wieder sagen: Diplom-Lesbe. Ich bin also Diplom-Lesbe oder auch Ur-Lesbe.

Frauke Renate moi Moni Inge
Marlies Renate

Eine Frau ohne Mann
ist wie ein Fisch ohne Fahrrad...

moi Moni Braun
An der Seite: PAUL!

Jedenfalls war ich nach dem Abi in Köln und bin auch direkt ins Frauenzentrum in der Eifelstraße getappt.
Ulrike, Hedwig, Corinne, Cornelie und Margot manatschten '80/'81 im Frauenzentrum die Frauen- und Filmabende, da hab' ich dann mitgemischt.
Wir haben natürlich versucht, in der Filmwelt lesbische Andeutungen zu sehen oder zu finden. Wenn Marlene im Anzug eine Frau auf den Mund geküßt hat oder sich Joan Crawford in JOHNNY GUITAR mit ihrer Gegenspielerin duelliert hat, waren wir happy.
Wir haben es uns immer nett gemacht, waren sehr lustbetont und nicht so drögmösig. Da flog Konfetti, und die Kinobesucherinnen kriegten beim Einlaß Federn ins Haar geworfen. Wir rannten rotlippig auf high heels beziehungsweise im feinen Anzug durch die Katakomben und waren eine Insel des Glamours.
Irgendwann gab es »Frauen und Film« nicht mehr – warum auch immer –, aber ich traf Hedwig wieder, die ihre Freizeit inzwischen in einem anderen Keller verbrachte, nämlich in dem vom Frauenbuchladen in der Moltkestraße.
Mit einer Handvoll pfiffiger Frauen zusammen machte sie die erste Kölner Frauenzeitung, die KOBRA. Dabei waren Inka, Karin, Annemie, Irene, Klaudia und andere.
Da bin ich mal mitgekommen, hab' gekuckt, was die Kobras so machten, und mitgemacht. Wir haben geschnipselt, geletrasettet, gelayoutet und getippt. Ich habe kleine Karrikaturen gemalt. Den einen oder anderen Artikel geschrieben. Der Höhepunkt meiner KOBRA-Karriere war ein Interview mit Anete Humpe, als sie mit IDEAL aufgehört hat. (Ich war ein großer Fan von Anete und liebe es, daß sich wieder mal ein Schicksalskreis geschlossen hat und wir für WEIBER VON SINNEN zusammenarbeiten. Anete und ihre Schwester Inga sind liebste und beste Freundinnen, und ich hänge ihnen jährlich in den Ohren, sie sollen mal einen Hit für Helli rüberwachsen lassen. Ich will doch auch ein *Popstar* sein!)

Vor allem der Vertrieb der KOBRA war sehr mühsam. Ich weiß nicht, welche Auflage wir hatten, 300 oder 500 oder 1000 Stück; jedenfalls mußten wir die unters Volk bringen.

3 KOBRAS im Bioladen parken, 10 KOBRAS bei »Frauen lernen Leben«, 15 KOBRAS im alternativen Kiosk... Die Beutelung schlechthin!

Der Höhepunkt in dieser Zeit war, als wir mit der KOBRA-Redaktion die EMMA-Redaktion besuchen durften. Damals haben wir Alice Schwarzer persönlich kennengelernt, und sie und ihre Kolleginnen von der EMMA waren rührend zu uns. Haben uns gelobt und uns alles gezeigt. Sehr aufregend! Das muß so '83 gewesen sein, da gab's ja schon die »Putzfrau Schmitz«.

Als »Putzfrau Schmitz« trat ich gerne zwischendurch in Frauenveranstaltungen auf – 5 Jahre Frauenbuchladen, 10 Jahre Frauenzentrum, »Frauen für Europa« mit Katharina Focke (da hat mich Barbara von Sell engagiert), und sogar beim DGB habe ich »geputzt«, an irgendeinem 8. März. In der Rolle der »Putzfrau Schmitz« habe ich gerne feministisch-kabarettistische Kurzauftritte gegeben. Wichtig war für mich dabei immer, den nötigen Witz aus der Situation rauszuholen. In Dogmatismus habe ich eine 6.

Es gibt viele gute Gründe, als Frau in diesem unseren Patriarchat sehr gereizt und aggressiv zu sein. Zum Beispiel auf die Barrikaden zu gehen, damit Frauen für dieselbe Leistung die gleichen Löhne ernten wie Männer.

Frauen werden diskriminiert! Sie werden ausgebeutet und unterdrückt. Wer solche Feststellungen mit »Emanzengeschrei« abtut, spinnt. Es gibt noch viel zu tun!

Lassen wir es liegen.

Die Zeiten sind heute anders. Die große Frauenbewegung hat sich in psychologisierende Grüppchen aufgespalten. Seit 6 7 8 Jahren ist Psychoanalyse, Esoterik, Bodybuilding, Astrologie und Magie angesagt. Der politische Feminismus Ende der 70er Jahre hat sich in den 80er Jahren unter anderem im Zodiak-Kreis verlaufen. So richtige Power ist nicht mehr da. Die Frauen gehen nicht mehr auf die Straße. Es ist eine Irritation, eine Lähmung vorhanden. (Daß dieser §218 immer noch nicht vom Tisch ist, ist ein Skandal!)

Ich würde es begrüßen, wenn Frauensolidarität wieder ultra-in wäre und es mehr Veranstaltungen gäbe. Vielleicht gibt es ja via Wieder-

Gute Zeiten im COCONUT.
Lang ist's her. Wo bleibt eine spektakuläre Frauendisco?

vereinigung in den nächsten Jahren noch mal *Womens'-LIB*-Revivals. Neue Grundlagen und alte Themen für Frauen in den neuen und alten Bundesländern.
Gebt mir wenigstens 'ne hippe Frauendisco!
Es ist positiv zu werten, daß es viele Jungunternehmerinnen gibt und daß Frauen untereinander sich Jobs verschaffen. Sich derselben Mittel bedienen wie Männer. Frauenklüngel machen.
Das ist letztendlich pfiffiger als die Quotenregelung. Die ist zwar korrekt, aber ein bißchen aufgepfropft und unorganisch. Wenn Frauen unter sich solidarisch sind und sich die Jobs verschaffen, ist das nach meinem Geschmack. Das macht Madonna beispielsweise bei ihren 2 oder 3 Firmen in Amerika. Sie hat zu 80% Frauen angestellt. Auch ich bin eine Frau, die prinzipiell Frauen bevorzugen möchte, wenn irgendwelche Jobs zu verteilen sind, denn ich habe die Erfahrung gemacht, daß du wunderbar mit Frauen zusammenarbeiten kannst. Es gibt zwar die Theorie, daß sich Frauen

untereinander Hennentechnisch dauernd die Augen aushacken, nicht gut Verantwortung teilen oder Entscheidungen miteinander fällen können, aber das ist ein böswilliges Gerücht, das Männer aufgebracht haben müssen.

Frauen können wunderbar zusammenarbeiten! Und es macht mehr Spaß, sich in reinen Frauenprojekten zu engagieren. Wir haben unser Theaterstück JETZT SCHLÄGT'S 13 ausschließlich mit Frauen geschrieben und inszeniert. Da geht es natürlich, wenn Unstimmigkeiten aufkommen, besonders heftig zur Sache, weil unter Frauen viel Emotionalität am Start ist.

Aber darauf möchte ich nicht verzichten. Außerdem ist die Zusammenarbeit mit Frauen auch immer erotischer Alltag.

Ich mache ja neben der sehr schönen, albernen Unterhaltungssendung ALLES NICHTS, ODER!? noch WEIBER VON SINNEN. Schrillerweise ist auf diese Idee ein Mann gekommen, und zwar Bodo Land von der HÖR ZU.

Bei einem Interview hat er mich mal gefragt: »Wie kannst du eigentlich mit so 'ner Einstellung bei 'nem Sender mit so 'nem Männermagazin arbeiten? Im Prinzip müßtest du doch ein Weibermagazin machen!«

Da habe ich dann mit Winni darüber gesprochen, kam aber nicht so recht in die Gänge.

Dann wollte es das Schicksal, daß Gisela Marx mich zu sich bat, weil sie 'ne gute Idee für 'ne Comedy-Serie mit Christoph Gottwald hatte. In diesem Gespräch habe ich von meinem Wunsch gesprochen, ein Weibermagazin zu machen; und Gisela Marx hat Interesse signalisiert, für dieses Projekt die Produzentin zu geben.

Darüber hat WEIBER VON SINNEN Konturen bekommen. Es ist eine eigene Firma gegründet worden, Power TV, die WvS für RTL plus produziert.

Von Anfang an war klar, daß im Weibermagazin die Jungs die Hosen runterlassen müssen. So – Spießumdrehtechnisch. Ich habe mir die Clips witzig gewünscht, sexy und feministisch; und meine Erwartungen sind durch Bettina Gruber definitiv übertroffen worden!

Team WvS Februar '91

Team WvS September '91

Ich bin verschiedentlich gefragt worden, ob ich männerfeindlich bin.

Ich bin kritisch und stehe dem Mann an sich eher sarkastisch gegenüber. Beim DINGSBUMS in WEIBER VON SINNEN bin ich jedesmal fassungslos, wie die Jungs Begriffe wie »erogene Zone« oder »Frigidität« definieren.

Offensichtlich hat das Gros der Hetero-Schmocks zu Sexualität und Frauenkörpern ein völlig gestörtes Verhältnis. Mir tun die Partnerinnen leid!

Ich bin nicht generell männerfeindlich. Ich ekel' mich nur oft. Wenn ich einen Schmock an die Hauswand pissen sehe, dann möchte ich die große Gartenschere rausholen... schnapp... schnapp... schnapp. Und den Kannibalen von Hasenbraten imitieren: Penisse wie Zigarren in meinen Schubladen stapeln.

Im übrigen bin ich allergisch gegen den hirnamputierten Wichtigtuer an sich!

Peter F   München,d. 26.9.90

RTL-Plus
-Alles nichts, oder!-
z.H. Winni Gahlen

5000 Köln 40

Bericht der Süddeutschen Zeitung vom 13.9.90

Sehr geehrter Herr Gahlen,

wie bereits fernmündlich besprochen, stelle ich meine Frage zum
Bericht der Süddeutschen Zeitung vom 13.9.90 nochmals. In
einen Interview wurde Hella von Sinnen mit folgender Aussage
wörtlich zitiert: "Ich ficke gerne.".

In meinen Bekanntenkreis, u.a. die Schwulenszene in München,
konnte mir leider keiner erklären, was darunter bei einer
Lesbe zu verstehen ist. Da die schwul-lesbische Zusammenarbeit
und damit auch Kommunikations in München kaum oder gar nicht
klappt, habe ich leider auch keine Lesbe gefunden, die mir diese
Frage beantworten könnte.

Bei Ihrer Rückfrage, wer ich den bin, habe ich Ihnen u.a. geantwortet, daß ich ein Mitglied der Rosa Liste München bin.
Da die Rosa Liste überwiegend kommunalpolitisch tätig ist,
stelle ich Ihnen die Frage natürlich nicht im Namen der Rosa
Liste.

Auf eine An wort von Ihnen bzw. von Frau Kemper (Hella von
Sinnen) würde ich mich sehr freuen und möchte mich gleich im
voraus dafür bedanken.

Mit freundlichen Grüßen

P.s. Post bitte an: Peter F

Meine Antwort auf diesen Brief lautete sinngemäß:
»Ich ficke gerne« bedeutet: Ich ficke gerne!

Kapitel 7

Fasten your seat belts!

Die Hollywood-Geschichte ging erst mit meinem Studium von Theater-, Film- und Fernsehwissenschaften los. Bis ich 18 war, war Theater mein Schönstes. In Gummersbach bin ich nie ins Kino gegangen. Die Filme, die man in Köln sehen konnte, in Berlin oder in Hamburg, kamen erst 100 Jahre später nach Gummersbach. Ich erinnere mich eigentlich nur an Woodstock. Dem Film habe ich auch meine Lieblingszahl zu verdanken. Da prüft jemand das Mikrophon und ruft: »Number nine! Number nine! Number nine! Number nine! Number neiheeein!« Das hat damals mein Sesamstraßen-Jubidubi-Zentrum getroffen, und seitdem ist die 9 meine Lieblingszahl. Vorher war's die 7. Die kann ich jetzt nicht mehr so gut leiden.
Ich wollte also Schauspielerin werden, aber die staatlichen Schauspielschulen haben mich nicht angenommen.
Die erste Schauspiel-Aufnahmeprüfung war 1977 während meines Abiturs in Bochum; da bin ich mit 24 anderen bis in die Endauswahl gekommen, 12 paßten aber nur in die Klasse, und ich war nicht dabei. Die Begründung: »Gruppendynamische Kriterien.« Was das auch immer bedeutet hat. Im selben Jahr war ich dann noch in Hamburg und im Frühjahr 1978 in Essen. In Hamburg haben sie mir überhaupt keine Erklärung gegeben. Sie haben mich einfach nicht angenommen und mir einen dieser Vordrucke gesendet. Daraufhin habe ich für die Folkwang-Schule schon in meiner Bewerbung geschrieben: »Liebe Leute, wenn ihr mich jetzt wieder

nicht aufnehmt, gebt mir bitte mal eine Erklärung! Ich möchte ganz gern wissen, ob ich Talent habe oder nicht; wenn nicht, studier' ich nämlich, ääätsch.«
Auf die Idee mit dem Studium hatte mich inzwischen ein Berufsberater für Abiturienten gebracht. Ich wollte nie studieren, lieber was *Praktisches* machen – Malermeisterin oder Goldschmiedin. Aber der freundliche Herr riet mir, dem Real- und Hauptschüler an sich doch nicht die Lehrstelle wegzunehmen.
Dann habe ich also in Essen vorgesprochen. Ich hatte mir vorher noch pfiffig den Fuß verstaucht, bin humpelnd auf die Bühne, habe meine drei Monologe runtergerasselt und danach mit einem älteren Herrn darüber gesprochen. Ich sagte: »Was ist denn jetzt, habe ich Talent? Was raten Sie mir?« Daraufhin sagte dieser Mann zu mir: »Sie sind *zu* intellektuell für den Beruf der Schauspielerin!« Ich sollte studieren.
Aufgrund dieser unglaublichen message habe ich mich dann immatrikuliert für Germanistik, Kunstgeschichte und Theater-, Film- und Fernsehwissenschaften.
Am Tag meiner Immatrikulation bin ich sofort zur Studiobühne der Uni Köln gegangen und traf auf eine geniale Ansammlung von Studenten, die dort gerade die Lehrstück-Lernstück-Theorie von Brecht unter der Leitung von Michael Kluth und Helmut Engelen erarbeiteten. Nina Herting, Norbert Hiller, Lambert Blum, Gerold Theobald, Pet Klömpges, Heike Friedrichs, Ulrich Schmissat, Barbara Bott und andere hatten sich unter dem Arbeitstitel RoA (Regel ohne Ausnahme) gefunden.
Es wurden Freunde, die sehr wichtig für mich waren und von denen ich viel gelernt habe.
Mit dieser Truppe hatte ich dann meinen ersten Auftritt in Köln ... als »dicker Wirt«. Ich habe den berühmten Blues gesungen: »Ich bin der Biedermann, halt mir die Brandstifter vom Hals!«
Und da bin ich auf die Idee gekommen, warum nicht in einer freien Theatergruppe spielen? Vorbilder waren LIVING THEATRE, THEATRE DU SOLEIL – nur vom Feinsten. Nach dieser Produktion lernte ich Christoph Gottwald kennen.
Er hatte ein Stück in der Schublade: »HEPHEISTOS oder Die

Geburt der Halbgötter«; ich hab's gelesen und fand die Rolle der Hera toll.
Wieder trafen etliche Kreative aufeinander. Wir hatten eine gute Zeit: Sabine Blänkner, Dietmar Kobbold, Stefan M. Singer, Franz Krause, Kati Hötger, Andreas Tucholsky, Kristof Korn, Georg zum Kley, Barbara Lehmann, Hella Delfs, Bärbel Nolden und andere. Oswin Schürmann hat uns geschminkt.

Oswin trat mit Beate Rademacher und Hubertus Tölle auf und schminkte uns tapfer nebenbei. Er trimmte uns alle auf Marlene Dietrich, weil Marlene und Oswin war wie Tarzan und Jane. Oswin – aus der Familie der Cineasten – wußte immer spannende Geschichten zu erzählen, und wir haben uns in der LUPE II Marlene-Retrospektiven reingezogen. Zu dieser Zeit habe ich angefangen, Bücher über Hollywood zu lesen, zum Beispiel die Klatsch-Bücher von Kenneth Anger – Hollywood Babylon I und II – und etliche Biographien über Joan Crawford, Mae West, Ingrid Bergmann, Greta Garbo, Marilyn Monroe, Bette Davis, Katherine Hepburn,

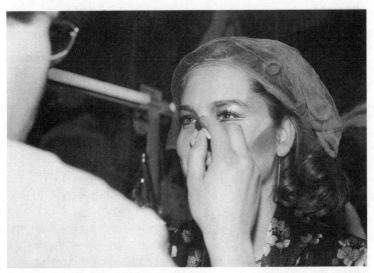

Oswin brasselt mich auf Glamour

Lauren Bacall, Jean Harlow, Gloria Swanson, Charly Chaplin und eben Marlene Dietrich.
Sie war bzw. ist eine schnabelnäsige Offizierstochter, und Sternberg hat sie zum Star aufgebaut. Ihr das Licht auf die Hirse geschmissen und ihr einen schwarzen Balken an die Nase gemalt. Sie war wunderschön und makellos.
Make-up fasziniert mich: Du siehst aus wie eine drei Wochen alte Zeitung, und dann schminkt dich jemand anderthalb Stunden lang und du siehst aus wie... wie... also ich war damals eine Mischung aus Brooke Shields und Mae West.

Ich liebe die Traumfabrik mit all ihrem Starkult und ihren Tricks. Meine Mutter saß immer, aufgeregt in ihren Kater Karl verkrallt, vor dramatischen Seeräuberfilmen. Wenn das Meer tobte und die Menschen in ihren Südwestern pudelnaß auf der Reling standen und von haushohen Wellen hinweggespült wurden, sagte ich zu ihr: »Hanne, jetzt reg dich nicht auf, bleib ganz ruhig, die stehen da vor einer Leinwand, und zwei Bühnenarbeiter schuckeln die Relingattrappe rauf und runter, und 30 Eimer Wasser werden manuell runtergeschüttet!« Ich habe immer versucht, ihr die Studio-Situation klarzumachen, weil ich 1980 in Hollywood die Universal Studio Tour gemacht habe und sehen konnte, wie das alles funktioniert. Ich sage nur: Blue Box. Christopher Reeves hängt im Studio an einem alten Nylonfaden, und hinter ihn projizieren sie Luftaufnahmen von Washington oder Metropolis oder welcher Stadt auch immer, und du denkst: Is it a bird? Is it a plane? No! It's Superman!
Ich liebe Film!
Diese große Liebe begann mit dem Buch: MR. HITCHCOCK, WIE HABEN SIE DAS GEMACHT? von François Truffaut. Als ich dieses Buch gelesen hatte, war die Sucht perfekt. Es ist ein wunderbares Buch über Film und natürlich darüber, wie Hitchcock seine Filme gemacht hat.
Neulich habe ich noch mal VERDACHT mit Ingrid Bergmann und Cary Grant gesehen... die Szene, in der Cary Grant die Treppe raufkommt. (Alle Zuschauer denken, er will sie vergiften, obwohl er in dem Film hundekuchengut ist und nur ein Zockerproblem hat.)

Grant kommt die Wendeltreppe rauf, mit einem Tablett in den Händen. Auf dem Tablett ein Glas Milch, und das Glas leuchtet. Deshalb ist alle Aufmerksamkeit der Zuschauer auf dieses verfickte Glas gerichtet. Jeder denkt: »Aha! Er will sie jetzt vergiften!« Und warum leuchtet dieses Glas Milch so? Weil Hitchcock eine Glühbirne reingebastelt hat. Toll!
(Wenn Sie dieses Buch hier gelesen haben, kaufen Sie sich MR. HITCHCOCK von Truffaut – Sie kommen auch drupp!)
Ich besitze etliche Hitchcock-Filme auf Video und habe my favourites bis zu sechsmal gesehen, jubelnd vor Freude über die Effekte und auch über seinen Gag, in allen seinen Filmen persönlich aufzutauchen. Hitchcock-Fans und Cineasten warten ja drauf, daß er mit irgendwelchen alten Scotch-Terriern durchs Bild huscht oder im Bus mitfährt, um dann zu applaudieren.
Hitchcock hat gesagt, er hätte, je heißer die Leute auf seinen Auftritt wurden, zugesehen, daß er den Gag immer in den ersten Minuten abfrühstückt, damit sich die Leute auf seinen Film konzentrieren und nicht nur darauf warten, daß der dicke Mann endlich auftaucht. Knifflig wurde es in dem Film LIFE-BOAT (Rettungsboot). Da dümpeln 9 Leute stundenlang in einem Boot auf dem Ozean rum, und Hitchcock konnte sich schlecht dazusetzen. So, was hat er gemacht?
In diesem Boot liegt eine Zeitung. Einer der Schiffbrüchigen schlägt die Zeitung auf. Wir sehen eine Diät-Reklame »Vorher – Nachher«. Hitchcock ist das Modell mit wegretuschiertem Bauch – dank »Reduco«. Köstlich!

Truffaut selbst hat ja auch diesen hinreißenden Film gemacht DIE AMERIKANISCHE NACHT. »Amerikanische Nacht« bedeutet, daß es taghell ist, und es wird eine Szene gedreht, die im Dunkeln spielt. Dafür gibt es einen speziellen Filter, der alles wie »Nacht« erscheinen läßt, dunkel und blau.
Dann gibt's noch den Begriff »amerikanische Einstellung«, also wenn sie jemanden nur bis zur Gürtellinie aufnehmen.
Die ist dank Humphrey Bogart entdeckt worden. Er war 1 Meter 55 oder 1 Meter 60 oder wie klein auch immer, mußte aber öfter den

Helden spielen oder den »tough boy« raushängen lassen und mit Lauren Bacall knutschen.

Da der Mann an sich ja die Frau um Haupteslänge überragen soll, um seine Überlegenheit zu unterstreichen, durfte Bogart auf kleinen Höckerchen rumstehen oder auf Brettern rumlaufen. Und damit es nicht allzu albern aussah, wurde der Ausschnitt nur bis zur Gürtellinie aufgenommen.

Und dann gibt es noch ... Lesen Sie die Bücher doch selber! Mir hat's jedenfalls Spaß gemacht.

Deshalb habe ich meine Zwischenprüfungsarbeit über René Fülop-Millers DIE PHANTASIEMASCHINE geschrieben und nach der Zwischenprüfung Thefife als Hauptfach genommen.

Danach habe ich die Uni nicht mehr von innen gesehen.

Ich habe dann 1980/81 noch 3 Schauspiel-Aufnahmeprüfungen versucht: in Berlin mit Dicki zusammen, in Hannover und in Bochum noch mal alleine. Da war ich aber schon »Hella von Sinnen« und lief mit wehendem Mantel und hocherhobenen Hauptes durch die Gänge der Schauspielschule. Trotzdem wollte ich nach wie vor das Handwerk lernen: Tanzen, Fechten, Sprech- und Gesangsunterricht.

Bei diesem letzten Anlauf sagten mir die Lehrer: »Sie erinnern uns an eine Schauspielerin hier in Bochum, an Kirsten Dene.« Und weiter: »Sie werden Ihren Weg schon gehen. Sie brauchen die Schule nicht, machen Sie mal.«

Das war die Zeit, in der wir die STINKMÄUSE gegründet haben.

Ich war 21 22 23, und wir hatten Premiere in einer Kneipe. Der CHARADE. Unter den 5 Hände voll Leuten im Publikum war auch Walter Bockmayer.

Er hatte sich die paar Meter von der FILMDOSE in die CHARADE bequemt, um uns zu sehen, und fand uns »doll«. Er hat uns angeboten, doch auch mal in seiner FILMDOSE zu spielen.

Walter Bockmayer hatte KIEZ in Köln inszeniert und wollte den Stoff jetzt verfilmen. Mit Kirsten Dene als Lokalbesitzerin. An

Die Freundin von Frau Rau (Kirsten Dene)

diesem Abend sagte Wally zu mir: »Du kannst die lesbische Freundin von Kirsten Dene spielen.«
So schließt sich der Kreis. Die Schauspielerin fuhr nach Berlin. Spielte zum ersten Mal neben der großartigen Kirsten Dene in einem Kinofilm. Die Filmfreakin saß mittendrin in ihrem Hobby!
Das meiste Späßchen hatte ich am Szenenanschluß. Eine Szene, die im Film 2–3 Minuten dauert, wird über mehrere Stunden hinweg gedreht und anschließend zusammengeschnitten. So muß darauf geachtet werden, welche Länge die Zigarette hat oder wie voll das Glas jeweils ist. Du kannst nicht sagen: »Hallo Baby, wie geht es dir?« . . . Schnitt . . . »Danke, mir geht es gut« . . . Und du hattest ein volles Glas und plötzlich ist dein Glas leer, und man hat nicht gesehen, wie du es ausgetrunken hast. Das sind die berühmten Anschlußfehler, die die Kino-Gemeinde erfreuen, dann rufen wir alle: »Anschlußfehler! Anschlußfehler!«

Meine Szene spielte in einer Kneipe.
Bis endlich die Kamera und das Licht eingerichtet sind, der Ton okay und die Nebelmaschine angeworfen, damit der Raum auch schön verqualmt ist, die Statisten choreographiert sind, die Schauspieler ihren Text draufhaben und die Maskenbildner die roten Nasen und den Schweiß geschminkt haben, wartest du dir Wolfsrudel, und irgendeiner läßt sich dann schon mal in den Set plumpsen und drückt 'ne Zigarette aus oder stellt 'ne Cola ab. Wallys Partner, Rolf Bührmann, sorgte sich immer um den Anschluß, und die Kollegen kriegten permanent einen Anschiß: »Bist du verrückt, die Szene hat Anschluß!« Sobald sich jemand an den Tisch setzte und verrückte ein Glas, wurde er angepfiffen: »Die Szene hat Anschluß, weg da!«

Alle waren schon mindestens zehnmal angepfiffen worden.
Nun gab es in dieser Kneipe einen Pistazienautomaten; der war zu drei Viertel voll, und irgendwann ging Rolf Bührmann mit 'ner Mark hin und zog sich ein Händchen voll Pistazien. (Du kriegst 2 Pistazien für 'nen Groschen und siehst natürlich nicht, ob da 10 oder 20 Pistazien weniger drin sind.) Aber da rächte sich das ganze Team

im Chor: »Rolf, bist du bescheuert? Die Pistazien haben Anschluß!«
Das hat mein Komik-Zentrum voll getroffen.

Hollywood bis zu meinem Geburtsjahr ist mein Schönstes. Das war eine tolle Zeit, da sind klasse Filme gemacht worden.
Ich habe zu Hause ein paar 50 Filmbücher stehen, und wenn irgendein alter Schinken im Fernsehen kommt, z. B. VOM WINDE VERWEHT, dann wird David O. Selznicks HOLLYWOOD aus dem Regal gezogen und geblättert... wie sie Atlanta niedergebrannt haben und wie Vivien Leigh entdeckt wurde. Die haben ja schon angefangen zu drehen, ohne die Hauptdarstellerin von Scarlett O'Hara zu haben.
In dem Zusammenhang war eines meiner schönsten Erlebnisse, mit Dada und Cornelia ein Wochenende im Parkhotel in Gütersloh zu überwintern.
Wir wollten nur eine Nacht bleiben. Sind dann noch 'ne Nacht geblieben. Mit perfekter Massage und Superspeisen. Haben auch noch die Sonntagnacht drangehängt, weil wir inzwischen eingeschneit waren... Und dann kam VOM WINDE VERWEHT in der Glotze.
Dada hat sich zuerst gesträubt. Sie steht auf DR. SCHIWAGO wie 'ne Eins.
Nach einer Stunde Südstaaten und einer Flasche Schampus waren wir eine große Familie.
Montag morgen hatten wir eine schwere Krise, weil wir zu dritt nur 5 Unterhosen, ein Paar Puschen und 2 Paar Socken dabeihatten. Daraufhin hat Dada die pastellblumengemusterten rosafarbenen Brokatvorhänge aus den Schienen gerissen und uns dreien einen angemessenen Fummel genäht.
Sie (Dada) trug ein Ballkleid. Cornelia kam daher im Chanel-Kostümchen. Für mich war ein Meter Stoff zum Pumphosenoutfit übrig.

Möchtet ihr wissen, wie ich VOM WINDE VERWEHT Teil II finde? Ich hab' ihn ja noch nicht gelesen, aber allein die Idee finde ich ätzend! Das ist doch der Charme eines Buches, eines Films *ohne* Happy-End – daß unsere Phantasie eine Chance hat!
In unseren Träumen können wir die Story weiterspinnen, können uns alles ausmalen. Und da kommen die Geldmogule und setzen uns die Fortsetzung vor, obwohl Margaret Mitchell von einem besoffenen Taxifahrer gekillt worden ist.
Und CASABLANCA wollen sie nachcolorieren! Das ist nicht mein Geschmack.
Ich habe noch nie den zweiten Teil von *irgend etwas* gesehen, der den ersten übertroffen hat. Es ist immer ein Abklatsch.

Etliche Jahre vor VOM WINDE VERWEHT waren Frauen wie Gloria Swanson und Mae West ihre eigenen Produzentinnen. Mae West hat ja auch selbst ihre Drehbücher geschrieben. Frauen hatten eben damals in Hollywood oft noch ein Wörtchen mitzureden.
Heute ist es wieder Hundescheiße. Meryl Streep hat sich letztens noch beschwert, daß Jack Nicholson die doppelte Gage verdient. Das war definitiv damals nicht so, eher umgekehrt.
Hab' ich meine Lieblingsfilme eigentlich schon aufgezählt? Ach ja, die stehen ja im Anhang.
Ich träume davon, in Hollywood mal 'ne Rolle zu spielen. Es ist ziemlich unrealistisch und vermessen von mir, zu sagen: »Ich will mit 40 den OSCAR für die beste Nebenrolle«, aber ich hab' halt gern ein Ziel.
Wenn ich mal auf dem Totenbett liege, und ich habe nur im THEATER DER KELLER oder in der FILMDOSE oder in der COMEDIA COLONIA gespielt, habe ein bißchen Fernsehen gemacht und war nicht in Hollywood, sage ich nicht: Mein Leben ist verpfuscht.
Aber einmal dabeizusein...! Einmal in einer großen Hollywood-Produktion mitzuspielen oder in einer guten deutschen Produktion, die dann in der Kategorie »Bester ausländischer Film« gewürdigt wird... Und dann in L. A. zu sitzen, und Barbra Streisand macht den Brief auf: »The winner is...«

Das wär's! Wenn ich nur einmal dabei wäre, als Beobachterin, das fände ich auch schon schön, und ich nähme auch einen Grammy.

Immerhin habe ich mit 10 schon vorm Spiegel auf meinem Federballschläger diverse Gitarrensoli gegeben!

My first guitar

Kapitel 8

Störe ich?

Ich war und bin ein Fan.
Mit 6 7 8 9 10 11 12 war ich Fan von Luke und Burt und Flipper, von Timmie Martin, Lassie, Fury, Rintintin, von allen Tarzans und Cheetas (wobei ich dank BRAVO-Starschnitt Ron Ely in der Bud' hängen hatte), dem Hasen Cäsar, von Superman, Batman, Spiderman, Mickey Mouse, Donald Duck, Fix und Foxi, Lupo, Eusebia, den Mainzelmännchen, der bösen Stiefmutter vom Walt-Disney-Schneewittchen, von Jim Knopf und Lukas dem Lokomotivführer, Hanni und Nanni, Dolly, Telemekel und Teleminchen, der gesamten Besatzung von RAUMPATROUILLE ORION und – N'schotschi!
Damals gab es diese klasse Karl-May-Sammelbände – Unter Geiern, Winnetou I, II + III. Ein Tütchen mit 5 Bildern (oder waren's 7?) kostete am Kiosk 10 Pfennig (oder waren's 20?). Die Bildchen wurden dann eingeklebt. Und eines der Bildchen traf voll mein Erotik-Zentrum: Pierre Brice und Lex Barker (Winnetou und Old Shatterhand), als sie noch nicht Blutsbrüder sind und Lex diesen Zweikampf bestehen muß, bei dem eigentlich Manitou entscheiden soll, wer der Bessere ist:
Lex Barker überlebt, ist aber schwer angeschlagen; jetzt wollen die Indianer ihn definitiv an den Marterpfahl stellen und töten. Da er aber geraden Beines und offenen Auges seinem Tod ins Gesicht sehen soll, muß N'schotschi, die Schwester Winnetous, ihn gesund pflegen, damit Charly dann klasse zu Tode gemartert werden kann.

So, und von dieser Szene gibt es ein Bild, das zeigt, wie sich Marie Versini über Lex Barker beugt (er hat sehr fotogen einen blutigen Lappen um den Hals liegen) und seine fiebergebeutelte Stirn kühlt. Uuuuh... Aaaah... Uuuuh.

Das hat total mein Erotik-Zentrum getroffen! Die pflegende Indianerin an sich... Und ich dann der tapfere verwundete Held, das war's! In *der* Szene war ich definitiv Old Shatterhand!

Ansonsten habe ich mich nie entscheiden können, ob ich lieber Indianer sein wollte oder Cowboy.

Helli und Ute vor Müllers Laube. Die Puppe müssen wir soeben im Schnee gefunden haben, denn Ute behauptet, *sie* hätte auch nie mit Puppen gespielt. Übrigens war Karneval. Ich in meiner Lieblingsrolle »Häuptling«, Ute als Zorrowittchen.

Heutzutage würde mir die Entscheidung wohl nicht mehr so schwerfallen. Spätestens seit dem Film DER SICH EINEN WOLF TANZT, will man und frau ja nur noch Indianer sein. (An dieser Stelle möchte ich recht herzlich Claude grüßen, die »Frau, die mit dem Rücken Wind macht«.)

Als ich dann Schauspielerin werden wollte, hatte ich andere Idole: Sabine Sinjen, Hannelore Elsner, Judy Winter, Ellen Schwiers, Ida Ehre, Marianne Hoppe, Lilli Palmer, Valeska Gert, Hanne Wieder, Lil Dagover, Zarah Leander, Therese Giehse und Elisabeth Flickenschildt.
In Gummersbach gibt es das berühmte Bühnenhaus, ein recht schönes Theater, das uns als Aula diente, in dem wir mit der Spielschar der Gymnasien auftraten und in dem sämtliche Tourneetheater gastierten bzw. heute noch gastieren.
Sobald der neue Spielplan rauskam, blätterte ich ihn mit feuchten Händen durch, und eines Tages war es soweit: Die Flickenschildt kommt! Und zwar mit BESUCH DER ALTEN DAME von Dürrenmatt. Sie feierte Triumphe; wir gönnten ihr eine standing ovation, und ich war völlig fasziniert und hingerissen von ihrer Art zu sprechen und ihrer pointierten Gestik.
Jürgen Domian, Peggy Hohmann, Brigitta Lange und ich hatten ihr am nächsten Tag im Hotel Heedt einen Zettel hinterlassen: »Sehr geehrte Frau Flickenschildt, dürfen wir Sie nach dem Theater zu einem Gläschen Wein einladen?«
Und dann haben wir abends am Bühnenausgang auf sie gewartet. Sie kam und kam und kam nicht. Plötzlich zischte Peggy hysterisch: »Da kommt sie! Das ist sie! Ich erkenne sie! Ich habe sie heute nachmittag gesehen.«
Da kam also Elisabeth Flickenschildt. Eingehüllt in wallende Tücher, mit einem kleinen Hund und ihrer Garderobiere. Sie stolzierte hocherhobenen Hauptes über den Parkplatz auf ihren Mercedes zu und hatte etwas sehr Erhabenes an sich.
Die drei anderen knufften mich in den Rücken und raunten: »Pfiffi, Pfiffi! Mach! Mach! ... Geh hin, geh hin!«
Ich stellte mich also vor Elisabeth Flickenschildt und sagte: »Verzei-

hen Sie, Frau Flickenschildt, haben Sie unsere Nachricht erhalten?«
Sie sagte in ihrer typischen hauchigen Art: »Ah! Die Nachricht. Sie war von Ihnen? Reizend. Sehr reizend! Vielen Dank! Es tut mir leid, aber ich kann Ihre Einladung leider nicht annehmen. Wir sind auf Tournee und müssen morgen sehr früh weiter.« Dann wandte sie sich zum Gehen. Ich dachte: »Ach du lieber Himmel, du mußt diesen Moment hinauszögern! Diese Größe! Diese Ausstrahlung! Nur noch 2 Minuten tanken!«
Ich hörte mich sagen: »Frau Flickenschildt, ich . . . ich wollte noch sagen, Sie waren großartig auf der Bühne!«
Daraufhin drehte sie sich noch einmal zu mir um, legte ihre rechte Hand auf meinen linken Unterarm (ich hatte den berühmten braunen Kaninchenfellmantel an, den Mutter selig selbst geschneidert hatte, und erinnere mich, als wäre es gestern gewesen) und sagte zu mir: »Ja, das Stück ist gut! Das zeigt den Menschen, welche *Macht* das Geld hat.«
Und wie sie »Macht« ausgesprochen hat! Aber dann ließ sie meinen Arm wieder los, stieg in ihren Mercedes und ließ sich von dannen chauffieren.
Peggy, Jürgen, Brigitta und ich standen minutenlang ehrfürchtig schweigend mit nassen Augen auf dem Parkplatz. Dann sind wir in den Dalmatien-Grill gegangen.
Auf fünf Bierdeckeln haben wir diese Begegnung schriftlich festgehalten: jedes Wort, jeden Satz, jede Geste immer wieder rezitierend. Wir waren der großen Elisabeth Flickenschildt begegnet!
New Kids on the Block generation – can you hear me?

Mit 21 22 23 24 habe ich an Bette Davis geschrieben und ihr an einem 5. April zu ihrem Geburtstag gratuliert. Ich habe ihr in rührendem Schulenglisch geschrieben, daß sie »the most wonderful actress« ist, die ich »ever saw on the screen«.
Als ich ein Autogramm von ihr bekommen habe, mit Widmung: »For Hella von Sinnen from Bette Davis«, bin ich weinend vorm Briefkasten kollabiert.

Ein Autogramm von Bette Davis mit persönlicher Widmung. Sie ist für mich immer noch die Größte!

Heutzutage habe ich selber eine Tüte Fanpost zu Hause stehen: Briefe von Mädchen. Mit Pferden und Mickymäusen und Herzen drauf.
Sie sind in mich verknallt, träumen von mir und wollen ein Autogramm von mir haben, und wenn ich mit ihnen nach der Show ein paar Sätze wechsele, sind sie aufgeregt und begeistert.
Aber auch Jungs träumen davon, mir dicke Pullis stricken zu dürfen und mich zum überbackenen Camembert einzuladen. Das ist wirklich ein komisches Gefühl.
Ich kann es nur verstehen, weil ich selbst Fan bin. Wenn ich heutzutage mit meinen 29 30 31 32 33 34 Barbra Streisand oder Bette Midler begegnen würde oder Whitney Houston oder Madonna, dann würde ich noch genauso mit schweißnassen Händen dastehen, nächtelang davon träumen und dieses süße, aufgeregte, glückliche, unglückliche Gefühl haben.
Fanpost selber zu erledigen ist mir sehr wichtig. Diesen Bezug zu haben und zu lesen, was den Leuten gefallen hat und was nicht, ist für mich Ambach. Nicht nur aus den eigenen Reihen beurteilt zu werden, sondern auch von denen zu hören, für die ich meine Arbeit mache, für die, die vor der Glotze sitzen. Kritik ist wichtig.
Ich kann sie im ersten Moment zwar nicht gut vertragen, nehme sie mir aber zu Herzen. Kritik ist wichtig als Regulativ, um nicht stehenzubleiben. Um sich zu verändern. Dazu gehört auch Kritik von Zuschauern. In der Regel bekomme ich positive Kritik, da freue ich mich darüber. Aber es gibt auch negative Kritik und Anregungen, da denke ich drüber nach.
Da ich weiß, wie großartig es für mich war, von Bette Davis oder Sabine Sinjen oder Patti LaBelle oder Tim Curry (Claude, weißt Du noch? Und wie er »one two three four« gesagt hat – uuuh aah uuuh!) ein Autogramm zu bekommen, mit persönlicher Widmung, nehme ich mir dafür viel Zeit und gebe mir Mühe. Und dann hängen die Fans das Foto übers Bett oder über den Schreibtisch oder übers Klo.
Und wenn sie's eines Tages abhängen, in eine Mümpelkiste werfen und es dann in 10 Jahren wiederfinden, dann freuen sie sich vielleicht und denken: Ach, kuck mal, damals war ich ein Fan von Hella von Sinnen.

Mit 14 15 16 war ich total verknallt in Sabine Sinjen und Elisabeth Flickenschild

Schwierig finde ich Geständnisse, die übers Schwärmen hinausgehen: wenn Menschen schreiben, daß sie sich »richtig verliebt« haben und daß ich ihre »große Liebe« bin, wenn sie nach Köln kommen und in der Straße hin und her laufen, in der ich wohne, oder Kneipen aufsuchen, von denen sie denken, dort könnten sie mich treffen.

Ich bin aber überzeugt, daß diese »Große-Liebe-Phasen« vorübergehende Phasen sind. Dieses Fanprogramm ist ja in der Regel ein pubertäres Programm, wobei sich auch gestandene Frauen in mich verkucken – was nicht weiter wundert, da die Navratilova und moi die einzigen öffentlichen Mädels mit undementiertem coming out sind.
Ich antworte dann, daß mein Herz Cornelia gehört.

Prinzipiell möchte ich, daß die Schwärmenden sich ernst genommen fühlen. Meist kommt ja schon Freude auf, wenn die Prominentenbutze persönlich zurückschreibt.

Nun bin ich ja keine von den Pop-Gruppen, die Massenhysterie hervorrufen. Da stehen die Tennies kreischend und heulend vor der Bühne, fallen in Ohnmacht und bewerfen die Stars mit Blumen, Teddybären und Unterhosen.
Ich kriege gerade mal zwei Teddybären im Monat. Die schönsten Teddybären Saarbrückens zum Beispiel kriege ich geschickt, und das ist rührend. Die Teddys sitzen dann unter meinen Petzibären und boxen sich so durch.

Bis auf die Wichspost behielt ich bislang noch jeden einzelnen Brief. Ich habe ein paar Kartons im Keller. Ich weiß nicht, ob ich sie irgendwann mal wegwerfe oder in 20 Jahren weinend durchwühle. Ich kriege gerne Post und bin selbst eine, die gern schreibt. Ich habe ein Faible für Schreibwaren im allgemeinen und im besonderen und stehe auf Kugelschreiber, Füller, Radiergummis, Tipp-Ex, leere Blätter, Büroklammern, Briefbeschwerer, Hefter, Locher, Brieföffner und 100 Sondermarken am Stück.

Dann möchte mich aber jeder 2. Absender persönlich kennenlernen. Dazu habe ich weder Zeit noch Bock. Die paar freien Abende im Monat verbringe ich gerne zu zweit oder mit alten Freunden.
Ich schreibe dann: Am End' trifft man sich ja mal durch Zufall, oder Sie kommen in die Show, und wir trinken danach ein Kölsch zusammen.
Da bin ich tapfer, nach der Show. Da schmeiße ich mich dann noch ins Gewühl, hier ein Bierchen, da ein Bierchen, und erfülle gerne alle Autogrammwünsche auf T-Shirts, Portemonnaies und Jeans.
Dann gibt es da noch die Profi-Jäger, die mir, überall wo ich bin, ihre Briefe in die Hand drücken und (in nicht frankierten Rückumschlägen) um 50 Autogramme bitten. Und solche, die liebevoll die Bilder ausschneiden aus den Zeitschriften und dann wollen, daß ich die Bastelbögen signiere. Das mache ich ganz gerne, wobei mir die einzelne Begegnung lieber ist als dieses Traubenprogramm: Wenn ich vor der Deutschlandhalle stehe und sich 20 ehrgeizige Jäger um mich rumdrängeln und rufen: »Frau von Sinnen, Frau von Sinnen, ein Autogramm, ein Autogramm, hier! Hier!« und das bei Udo

Jürgens und Matthias Reim genauso machen, also mitnichten mich meinen, sondern meinen Marktwert, dann bin ich manchmal so müde.

Der Bettelbrief an sich geht mir ziemlich am Arsch vorbei. Da reagiere ich überhaupt nicht drauf. Die, die mir vorwerfen, ich verdiene 20 000 Mark im Monat, und ich soll ihnen 10 000 davon schenken, die sollen Lotto spielen.
Jeder 13. Absender möchte mit mir in Brieffreundschaft treten . . . da schreibe ich, wenn ich mit all den hundekuchenguten Menschen im regen Briefkontakt stände, könnte ich ja diese sehr schönen Sendungen nicht mehr machen – aus Zeitmangel. Und das wollen wir doch nicht?!
Tapfer korrespondiere ich mit Rostecks und den Fischerinnen, denn dieser Kontakt geht über eine Fanebene hinaus, und alle freuen sich, voneinander zu hören.
Auf Fanpost und Fans möchte ich nicht verzichten!

Auf der Köln-Deutzer-Kirmes haben wir eine köstliche Geschichte erlebt.
Dort ist gerne die Hölle los, wenn Cornelia und ich kommen. Für die Pazifistin etwas peinlich: Ich kann gut schießen. Mit 8 9 10 11 durften wir mit dem Luftgewehr auf Zielscheiben schießen, und wenn ich heutzutage auf die Kirmes gehe, ist jeder Schuß ein Treffer. (Na ja.) Das liegt in der Familie. Mein Opa Köln konnte gut schießen, mein Vater und ich auch.
Mit mir auf die Kirmes zu gehen, ist ergiebig. Ich stehe auf Kirmes wie eine Eins.
Das war nicht immer so. Gut, als Kind sowieso: Bratwurst, Softeis, Kinderkarussell – »Papa, schieß mir ein Skelett«, und für Mama noch einen alten Gummibaum am Stand links vorm Ausgang kaufen. Aber dann kam diese pubertäre Phase, und da fand ich Kirmes zum Kotzen. Da geht ja nur die Anmache auf dem Jaguar oder dem Autoscooter ab. Es gibt zwei Geräte am Platz, wo die Hits gespielt werden, und dort stehen dann die pickeligen Dorfjugendlichen und machen sich an . . . »Hey, Puppe.« Das war ja nun gar nicht

mein Ding. Mit 14 15 16 17 war ich schon lesbisch und total in Renate verliebt, die sehr attraktiv war, und die Jungs grabschten immer hinter ihr her. Ich war eher die Dicke und für Burschen nicht so attraktiv, und deshalb war Kirmes immer sehr doof, weil ich eifersüchtig war, wenn sie hinter Renate herpfiffen, und wenn mir dann auch noch ein »junger Mann zum Mitreisen gesucht« beim Chipskassieren an die Titten langte oder rundenlang auf meinem Trittbrett mitfuhr, war ich sehr angestrengt.

Die Liebe zur Kirmes habe ich erst wieder vor 8 Jahren durch Hartmut Hallek und Peter Molli wiederentdeckt. Die Taschen voller Geld, und vom Bratfisch bis zum türkischen Honig nichts ausgelassen. Zwischendurch ein Verdauungstourchen auf der Geisterbahn, und beim Fotoschießen allen winken.

Pflichtprogramm sind Lebkuchenherzen, die so groß sind, daß die Susi-Bändchen der Trägerin die Hauptschlagader abschnüren, und so rennen wir dann schwerbepackt mit Büscheln von Plastikrosen, Federwedeln, räudigen Kirmesbärchen, Schraubenziehern, FC-Köln-Fähnchen, Glasschüsseln und Schäufelchen (gefüllt mit Liebesperlen) rum.

Allerdings bin ich keine Freundin des Karussells – rein Übelkeitstechnisch. Ich gehe wirklich nur gern über den Platz. Maximum mal Riesenrad – wobei diese »Junge-Männer-zum-Mitreisen-gesucht« genannten Schnarchsäcke Spaß daran finden (wenn wir runterkommen und sie uns erkannt haben), unserer Gondel Stoff zu geben und wir dann uns 30mal um die eigene Achse drehend rauftrudeln ... das ist gar nicht schön! Alle anderen schweben gemoderlich in die Höhe, genießen den Ausblick ... und wir rotieren Kreiseltechnisch nach oben, krallen uns angstverzerrt am Geländer fest, und diverses junk food diskutiert mit uns, ob es wieder raus darf an die frische Luft.

Das ist wahrscheinlich auch der Grund für die bunten Baldachine über den Gondeln: damit euch Prominente nicht in den Nacken kotzen!

Jedenfalls: die Kirmesleute mögen uns, und es herrscht große Aufregung, wenn sich rumgesprochen hat, daß wir gesichtet worden sind. Ich bin stets hochzufrieden, wenn mir die Budenbesitzer, auch wenn ich danebenwerfe, einen Gewinn geben, und ausgesprochen gerührt über 7-Pfennigs-Trostpreise, nachdem ich 35 Mark investiert habe.

Dieser besagte Kirmesbesuch endete also an einer Frittenbude, die gerade schließen will.

Wir bestellen uns noch Fritten mit Majo, stehen da, und plötzlich werde ich von hinten heftig angerempelt, und eine dicke, ziemlich betrunkene Frau sagt: »Hella, entschuldige, daß ich störe, aber ich bin so dick und hab' damit so viele Probleme, daß ich mich immer besaufen muß.«

Ich sag' darauf: »Wo ist das Problem? Ich bin auch dick und besauf' mich auch. Jetzt würde ich ganz gerne weiteressen, damit ich so dick bleibe.«

Aber die Frau torkelt penetrant zwischen uns rum, und Cornelia zieht die Schale mit Fritten immer weiter zurück, ist wütend, und ihre Nüstern blähen sich. Ich werde bestimmter und sage, sie solle jetzt bitte weitergehen! Der Freund dieser sehr dicken, sehr betrunkenen Frau sagt dann auch prompt: »Paß mal auf, die wollen essen, jetzt laß mal gut sein.«

Die Fritten sind bereits iessekalt, ich bin sehr angestrengt, und Madame will und will nicht gehen.

Als der Freund es endlich geschafft hat, sie zu überreden, uns doch noch allein zu lassen, wir uns zum vierten Mal endgültig verabschieden, verliert sie bei der letzten Drehung noch einmal das Gleichgewicht, stützt sich voll in unseren Fritten ab, und lallt: »'tschuldigung.« Darauf schwankt sie von dannen.

Cornelia und ich standen sehr müde über den Fritten, kuckten uns an, machten die Mülltonne auf, entsorgten die Fritten... »Danke fürs Gespräch.« Und jetzt bitte eine Currywurst.

Im nachhinein waren wir todmüde, fanden es aber nicht unkomisch.

Kapitel 9

**Treffen sich 2 Hellseher.
Meint der eine: »Was machst du heute abend?«
Meint der Andere:
»Mal seeeeeeehn!«**

Tja – die Sache mit dem Aberglauben.
Hanne, meine Mutter selig, war abergläubisch und hat sich den ganzen Tag die Knöchel wund geklopft, vor sich hin gespuckt und hat sich Flickflack-schlagend im Kreis gedreht, nur um irgendwelchem Pseudounglück zu entgehen.
Mein Vater hingegen ist überhaupt nicht abergläubisch. Und so bin ich für einige abergläubische Rituale zu haben, mit anderen kann ich wiederum nichts anfangen. Ich nehme nur die wahr, die mir in den Kram passen.
Manchmal werde ich auf neue Spielregeln aufmerksam gemacht, wie zum Beispiel: Salz muß immer abgestellt werden, man darf es nicht weiterreichen von Hand zu Hand – sonst gibt's Streit. Ebenso wenn ein Salztöpfchen umgeschüttet wird, gibt's Streit, der allerdings abgewendet werden kann, indem man sich über die linke Schulter salzt und dreimal spuckt (ptü ptü ptü), und so laufe ich stets auf dicken Salzteppichen durch die Bud'.
Mit den schwarzen Katzen, das habe ich nicht so drauf. Ich kann mir auch nicht merken, gilt's von links nach rechts oder von rechts nach links. Also denke ich: Katze ist Katze. Schwarze Katzen sind mir willkommen, egal, wo sie langmarschieren.
Von Dada Stievermann habe ich, daß du keine Broschen verschenken darfst, weil sie die Freundschaft zerstechen. Du darfst sie nur abkaufen für einen Pfennig. Und dann darf ja Erfolg nicht beschrien werden! Wenn also jemand sagt: »Das wird ein Superabend!«,

spucke ich schnell (ptü ptü ptü) und rufe: »Beschreie es nicht!« Das ist natürlich Zweckpessimismus!

Wenn ich mit 'nem schlechten Gefühl in den Abend gehe, freue ich mich, daß er nett wird. Auf der anderen Seite, wenn ich einen schönen Abend haben will, muß ich auch was dafür tun.

Und dann darf auf keinen Fall über Kreuz angestoßen werden! Prossttechnisch natürlich.

Einerseits bin ich für Aberglauben empfänglich, andererseits bin ich Realistin. Prinzipiell fahre ich mit dieser Zweigeteiltheit ganz gut. Vor allem nämlich bin ich eins: fatalistisch. Nach dem Motto: Che sera, sera. Alles kommt, wie es kommen soll!

Natürlich gibt es Hinweise. Ahnungen. Das Wichtigste ist, auf die *innere Stimme* zu hören. Sich nicht zur Sklavin irgendeines Voodoos zu machen.

Wobei ich die Regeln des Theateraberglaubens tapfer einhalte. Auf der Bühne bin ich ja gerne hysterisch. Dann laufe ich auf gar keinen Fall unter einer Leiter durch. (Warum auch immer?) Auf der Bühne wird nicht gepfiffen. (Weil sonst das Premierepublikum pfeift.) Und wenn mir jemand »toi toi toi« wünscht, bedanke ich mich nicht. Auch wenn es oft unhöflich wirkt ... Bedanken ist nicht! (Keine Ahnung, warum – gehört prinzipiell wohl zum »Beschreien«.)

Und natürlich muß ich mich mit allen bespucken! Über die linke Schulter. Die Seite, in der das Herz schlägt. Das dazu.

Ich bin also Fatalistin. Schicksalsgläubig.

In der Rückschau auf die ersten 30 Jahre meines Lebens haben sich Ereignisse, die ich als Schlappen oder Mißerfolge empfunden habe, im nachhinein als durchaus positiv erwiesen.

Ich habe *sechsmal* an staatlichen Schauspielschulen die Aufnahmeprüfung mitgemacht. Ich bin *sechsmal* durchgefallen!

Das war frustrierend! Ich hasse Mißerfolg! Ich habe an meinem Talent gezweifelt und fühlte mich gedemütigt.

Das Schlimmste war, daß es für meinen Vater *der Beweis* war. Ich mußte untalentiert sein!

Er hing mir ja von Anfang an in den Ohren: »Mach nicht so 'ne brotlose Kunst!« – »Mach' was Anständiges, was Vernünftiges, was Sicheres!« Mit den Absagen der Schulen hatte er seiner Meinung

nach recht behalten. Mein Wunsch, Schauspielerin zu werden, mußte in der Wurzel daneben sein.
Aber ich habe nicht aufgehört, an mich zu glauben. Ich bin auf der berühmten Selfmade-Schiene losgestocht. Habe während des Studiums in freien Theatergruppen gespielt, habe mit Glück und/oder Vitamin B bei Film und Fernsehen kleine Rollen bekommen und bin jetzt heimlich Schauspielerin, Entertainerin, Komikerin, Showmasterin.
Ohne staatlichen Segen.

Mein Fatalismus hilft mir sogar, den Tod meiner Mutter zu akzeptieren. Auch wenn ich nie darüber hinwegkommen werde.
Ein halbes Jahr nach ihrem Tod war ich bei einer Astrologin, die mir sagte: »Ja, also mit dem Tod Ihrer Mutter... vielleicht ist dieser Tod für irgend etwas gut«.
Damals habe ich diesen Ansatz empört abgelehnt. Was ihr einfallen würde. Dieser Tragödie *irgendeinen* »positiven« Sinn zu unterstellen? Aber ich war noch nicht reif für diese Sichtweise. Der Schmerz war zu stark.
Heute, drei Jahre später, denke ich anders. Der Tod meiner Mutter hat mich charakterlich gefestigt, er hat einen Reifeprozeß forciert, den ich zu diesem Zeitpunkt zwar nicht wollte, und schon gar nicht unter diesen Umständen – aber es ist einfach so. Hanne liebte und lobte mich für meine Unkonventionalität, Offenheit und diverse Talente, aber sie war auch eine große Warnerin. Wenn ich kam und sagte: »Ich bin die Größte, die Beste und die Schönste«, war sie grundsätzlich diejenige, die sagte: »Jetzt werd bloß nicht größenwahnsinnig! Bleib auf dem Teppich.«
Da ist frau ja als Tochter gerne verzickt und verstockt und gibt Widerworte. Jetzt gebe ich ihr nur noch recht.
Ich habe ihre Warnungen und ihre Kritik verinnerlicht und versuche, mich streckenweise an ihrem Vorbild zu orientieren. Das gelingt mir nicht immer; ich bin oft launisch, laut, herrschsüchtig, arrogant, hartherzig. *Zack* – sitzt Hanne auf der Lampe und tadelt so vor sich hin. Ich fühle mich ertappt (wenn sie recht hat – sie hat nicht immer recht) und will wieder lieb sein.

Darüber hinaus bin ich angstfreier geworden. Früher hatte ich große Angst vorm Fliegen. Aber jetzt: Tschüß, Flugangst! Es kommt, was kommt. Wenn ich abstürze – so what!? Ich bin sehr gespannt auf das, was danach kommt, und am End' gibt's ja sogar ein Wiedersehen. Selbstveständlich tropfen bei diesen Worten wieder die Tränen ins Dekolleté... mit der Trauer werde ich nie quitt – aber erstaunlicherweise heilt die sprichwörtliche Zeit alle Wunden, auch wenn die Narben dünn oder brüchig sind. Ist es vielleicht doch die berühmte preußische Selbstdisziplin?

26. 10. '88 Hanne

Meine Mutter ist einen Tag vor ihrem 60. Geburtstag, in der Nacht vom 24. auf den 25. Dezember 1988, beim Wohnungsbrand erstickt. Da glaubst du eigentlich, du kannst nie mehr eine Kerze brennen sehen.

Und? Ich sitze Jahr für Jahr tapfer unter der Tanne – die Zweige biegen sich unter kleinen Disney-Mäuschen, und ich kompensiere den Verlust übers besonders aufwendige Ritual. Zelebriere alles so, wie Hanne es besonders kommod gefunden hätte, denke unaufhörlich an sie und marschiere am 2. Weihnachtsfeiertag zum Friedhof. Dort ist es dann immer arschkalt. Beim Grab selbst kommt Freude auf. Hattu und ich haben ihr eine Pyramide gebastelt – schwarz auf grau. Ich weiß hundertprozentig, daß ihr das gefällt. Schlicht und ergreifend. Individuell und beeindruckend. Kauzig esoterisch. Ein Grabmal für Hannelore Schneider.
Dieser Ort ist ein Ort der Ruhe, der Besinnung und der Kraft.
Als Holographie trage ich eine Pyramide um den Hals, und Hannes Weltkugel. Und so ist Hanne 24 Stunden am Tag bei mir. Im Hirn und im Herzen. Bei allen Entscheidungen, Erlebnissen, Eindrükken, Erfahrungen.
Solange ich lebe.

Man nennt mich ja auch die Schläferin. Ich schlafe viel, weil ich gerne träume. Träumen ist Kino, und Traumkino ist ein Knaller... Tschüß, Welt!... Augen zu. Hallo, Traumland!
Mein Schönstes wäre, wenn ich am Morgen Videoaufzeichnungen von meinen Träumen hätte. Das wäre eine geniale Erfindung!
Erinnern Sie sich auch so schlecht an Ihre Träume? Ich wache auf... pffft... habe meinem Bruder Hartmut ein Uhren-T-Shirt in New York geschenkt und hatte kein Toilettenpapier auf den Bahamas... und schon sind alle Bilder weg. Was bleibt, ist eine Stimmung. Die Hauptthemen der Träume habe ich noch fetzenweise im Herzen und im Kopf, ich fühle mich traurig oder sexy oder zornig, aber die Bilder sind weg. Es ist zum Heulen.
In dem Zusammenhang auch sehr spannend: Was ist »Déjà-vu«? Es gibt ja Erklärungen dafür, daß das einfach so ein kleines »Bäätsch!« vom Hirn ist, daß die Bilder, die das Auge wahrnimmt, holterdipolter erst drei Sekunden später in die Hirse knallen oder so ähnlich, und du denkst: »Wow! Das habe ich schon mal erlebt!«
Trotzdem ist es doch schwer faszinierend, und es bleibt die Frage, ob »Déjà-vu« nicht *wirklich* schon einmal erlebt oder aber vorwegge-

träumt ist. Da will ich die Hoffnung nicht aufgeben. Und da interessiert mich auch die wissenschaftliche Erklärung an sich nicht so.

Zum Beispiel geht Ingo Wolter eines Tages in eine Frittenbude und will sich ein Schälchen Fritten bestellen. Er steht so... und überlegt... und bestellt: »Einmal Fritten, bitte« und denkt sich: Könntest du eigentlich mit Majo bestellen. In *dem* Augenblick sagt die Frittenverkäuferin: »*Mit Majo?*« Na, wenn das keine Telepathie ist???

Es gibt so viele Dinge zwischen Himmel und Erde, warum soll eine dafür Begabte nicht Visionen haben? Oder träumen? Visionen, Voraussagungen sind so alt wie die Erde! (Vielleicht 20 Jahre jünger.) Ich sage nur: Nosferatu!... 'tschuldigung, Nostradamus! Dessen Prophezeiungen hat meine Mutter selig noch drei Monate vor ihrem Tod mit warnend erhobenem Zeigefinger deklamiert. 1988 war ihr klar, daß im November 1989 die Mauer fällt, zu einem Zeitpunkt, an dem wir alle gekontert haben: Hanne, du spinnst! Ihre zweite Voraussage war: 1991 kommt das Schwert des Islam über die Kölner Bucht.

Sie hat uns damals ziemlich genervt, und mir waren ihre penetranten Prognosen schon peinlich. (Ich liebe Alliterationen!) Aber nach Mauerfall und Golfkrieg muß ich leider sagen: Sorry, Hanne. Du – bzw. Herr Nostradamus –, ihr habt recht behalten, und der Lümmel hat es immerhin vor 400 Jahren (oder wann immer) prophezeit.

Wenn Hanne noch leben würde, hätte uns der Putsch um Gorbi und alles Weitere nicht überrascht.

Schwarze Magie finde ich leider ätzend. Diese »Zeitgeist«erscheinungen, daß sich frustrierte Jugendliche nachts bei Ritualen treffen, »Exorzismus« spielen oder anderen Humbug – da habe ich kein gutes Gefühl! Barfuß in den Wald zu gehen, um mit Kobolden und Elfen zu sprechen, das ist schön und positiv und beschwingt und leicht und öffnet die Seele. Das andere ist düster und zieht dich runter. Macht Angst und ist depressiv.

Die Zeiten sind härter und brutaler geworden. Ich habe mit 13 14 15 16 noch »The End« von den DOORS gehört und mit Räucherstäbchen kleine Kreise durchs Zimmer gezurzelt. Das war das Verwegenste.

Drogen waren für mich kein Thema. Ich bin nie auf die Idee gekommen, mich irgendeiner Drogenorgie hinzugeben, um dann morgens halbnackt unterm Schrank aufzuwachen.

ICH HASSE KONTROLLVERLUST.

Übrigens bin ich für die Legalisierung von Haschisch. Wie viele Leute werden totgefahren, wie viele Leute werden totgeschlagen im Suff. Was passiert mit Alkohol für 'ne Scheiße! Kiffer sind fröhliche, zugedröhnte Zeitgenossen, die sich's nett machen. Haschisch ist eine Droge, die die Hirse öffnet und dein Komik-Zentrum aktiviert. Ich bin zwar gerne Trinkerin, aber Alkohol ist eher eine Droge, die müde macht, aggressiv, fett und impotent.

Solange es hier keine Prohibition gibt, müssen alle anderen Drogen auch erlaubt sein, um der Kriminalisierung von Jugendlichen vorzubeugen.

Nun gut, ich möchte nicht ohne Alkohol leben. So geht es wahrscheinlich den Gesetzesmachern auch.

Die dicken alten Säcke können sich halt nicht vorstellen, einen Joint durchzuziehen. Deshalb ist Cannabis verboten und Alkohol nicht. Irgendwelche Gründe muß es ja geben.

Aber zurück zum Stück: Ich liebe Kartenlegen, Astrologie und Handlesen.

Neulich war Mara bei mir und hat mir aus der Hand gelesen. (Telefonnummer siehe Anmerkungen unter »Mara«.)

Mara   Wann sind Sie geboren?
Hella   2. 2. 1959.
Wir haben uns ja schon einmal getroffen, vor zwei Jahren, und Sie haben mir in die Hand gekuckt und haben gesagt: »Sie müssen sich vor Feuer in acht nehmen!« Das weiß ich noch. Und ein paar Wochen später ist Hanne beim Wohnungsbrand erstickt.
Da habe ich sehr an Ihre Worte denken müssen. Hoffentlich ist das Feuer jetzt aus der Hand raus.

Mara   Das bleibt immer. Das ist eine Warnung. Ich warne die Leute, damit sie aufpassen – vor Verbrennungen. Es braucht nie was zu passieren.

Hella   In dem Fall ist es leider passiert.

Mara   Also erstens mal die Lebenslinie, das habe ich schon gesehen, die ist sehr stabil und lang. Das heißt, daß Sie die Chance haben, alt zu werden. Nur müssen Sie was für die Gesundheit tun. Mit dem Kreislauf aufpassen. Sie haben starke Durchblutungsstörungen. Den Unterleib warm halten und später mit den Knien aufpassen.

	Als Kind hatten Sie etwas an der Lunge – Lungenentzündung, Bronchien, also viele Erkältungskrankheiten. Sie sind sehr empfindlich. Mit 10 oder 12 Jahren, war das ein Unfall oder eine Operation?
Hella	Wie wär's mit 'ner Scheidung?
Mara	Nein, was Gesundheitliches.
Hella	Ja, ich war im Krankenhaus, ich hatte meinen Fuß gebrochen.
Mara	Dann haben Sie sehr empfindliche Augen gegen Qualm und Helligkeit. Da kann man auch was für tun.
Hella	Ich dachte immer, das läge am Kater.
Mara	Dann haben Sie manchmal Depressionen, Angstzustände – Lebensangst. Dagegen müssen Sie angehen. Das ist nichts Schlimmes, nur unangenehm.
	Dann haben Sie eine Linie drin, die gefällt mir nicht besonders: Sie waren mal sehr depressiv, da war was in Ihrem Leben. Aber Sie sind drüber weg, es ist vorbei.
Hella	Mutters Tod
Mara	Vor ungefähr 5 oder 6 Jahren, 1984/85, da war ein schweres Tief in Ihrem Leben. Da hat Sie etwas belastet.
Hella	Das weiß ich jetzt nicht, das müßte ich noch mal nachkukken. Ich kann's Ihnen jetzt auf den Punkt nicht sagen.
	Ich würde Sie gerne was fragen, weil ich mich auch so 'n bißchen damit beschäftigt habe: Die Kopflinie wird ja hier durch die Schicksalslinie unterbrochen.
Mara	Das ist die depressive Phase, die Sie hatten. Da hätten Sie am liebsten alles hingeschmissen.
	Aber es ist vorbei. Das ist in beiden Händen drin.
Hella	Und dann interessiert mich auch, daß die Herzlinie rechts die ganze Hand durchschneidet, während sie links schön gebogen ist.
Mara	Das hat nichts zu sagen. Das ist die depressive Phase, das verändert die ganze Hand.
Hella	Die habe ich aber immer schon, diese Handlinie.

Mara	Von Geburt an. Die Linien bleiben. Nur Krankheitslinien ändern sich. Wenn man nichts macht gegen die Krankheit, dann wird es natürlich schlimmer.
Hella	Und woran sehen Sie jetzt, daß das vorbei ist, die schwere Depression?
Mara	Weil es in beiden Händen ist. Diese Linien, diese schmal zulaufenden Linien... es ist vorbei.
Hella	Ja, es ist vorbei.
Mara	Kinder könnten Sie kriegen, das habe ich Ihnen schon einmal gesagt. Nur das liegt an jedem selbst, das kann man heute ja selbst entscheiden. Sie können gut mit Kindern umgehen. Sie sind sehr für die Familie. Beruflich, da ist Bewegung drin, sehr viel Selbständigkeit. Sie setzen sich durch, das habe ich damals schon gesagt. Sie fallen immer wieder auf die Füße. Wahrscheinlich haben Sie jetzt was anderes vor, es ist eine Erneuerung drin. Ideen haben Sie sowieso sehr viele. Finanziell wird es Ihnen später mal sehr gutgehen, in Ihrer Hand ist Grundbesitz, das ist ein beruhigendes Gefühl. Man macht sich ja Gedanken: Was wird später? Komme ich zurecht? Komme ich nicht zurecht? Sie kommen zurecht!
Hella	Und mit der Liebe?
Mara	Die Liebe ist ruhiger geworden, ist besser geworden. Das bleibt auch... Nur, man muß eben was dafür tun. Nicht alles als selbstverständlich hinnehmen. Und Reisen. Sehr viele Reisen. Sie reisen gern. Haben Sie vor, ins Ausland zu gehen für längere Zeit? Oder waren Sie längere Zeit im Ausland?
Hella	Ich würde gerne in Amerika leben und da einen OSCAR bekommen.
Mara	Es könnte in dieser Richtung was auf sie zukommen. Was, weiß ich nicht, aber Ausland.
Hella	Das wäre schön.

Mara	Sie haben auch selbst sehr stark den 6. Sinn ausgeprägt – Vorahnungen. Haben Sie das schon festgestellt?
Hella	Vorahnungen? Ja!
Mara	Man träumt was, und dann passiert das. Man achtet nicht so darauf, man hat zuviel Streß.
	Sonst ist eigentlich nichts Gravierendes. Sie haben sehr gute Hände, stabile Linien.
	Sie sind sehr impulsiv, unüberlegt manchmal. Überlegen Sie, wenn Sie Entscheidungen treffen. Sie sind eine kämpferische Natur und setzen sich für die Gerechtigkeit ein. Manchmal ein bißchen eigensinnig und stur, aber sehr charmant, das gleicht sich wieder aus.
	Sie haben sehr viel Phantasie, Sie lachen gerne, Sie wissen, was Sie wollen; Sie setzen sich durch in allem.
Hella	Gut!

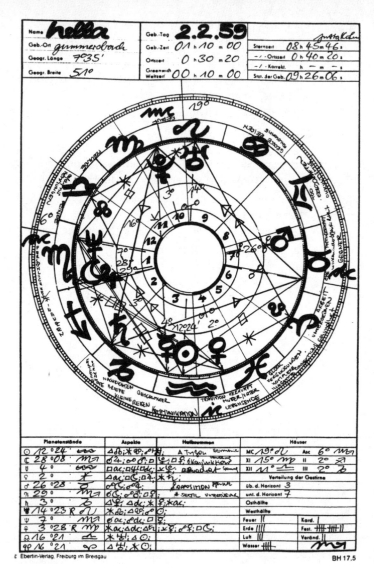

Hellas Horoskop (von Jutta Kühn)

sternzeichen	element	planet
♈ widder	feuer	♂ mars
♉ stier	erde	♀ venus
♊ zwillinge	luft	☿ merkur
♋ krebs	wasser	☾ mondin
♌ löwe	feuer	☉ sonne
♍ jungfrau	erde	☿ merkur
♎ waage	luft	♀ venus
♏ skorpion	wasser	♇ pluto
♐ schütze	feuer	♃ jupiter
♑ steinbock	erde	♄ saturn
♒ wassefrau	luft	♅ urania
♓ fische	wasser	♆ neptun

aspekte

- ☌ konjunktion, 0°-3°, vermischung
- ☍ opposition, 180°, gegensatz
- □ quadrat, 90°, spannung
- △ trigon, 120°, harmonie
- ✶ sextil, 60°, unterstützung
- ⚻ quincunx, 150°, schicksalslinie

Kapitel 10

Wenn eine eine Reise tut

Mein derzeitiges Auto heißt Supie Swanson.
»Supie« von Superman und »Swanson« von Gloria Swanson.
Fahrbare Untersätze müssen bei mir Namen haben, weil ich doch recht viel Zeit auf oder in ihnen verbringe. Wenn sie Namen haben, sind sie treuer, zuverlässiger.
Mein erstes Mofa hieß Paul.
Mein erstes Auto hieß Ludwig, ein Opel Kadett.
Das zweite Auto war Ernst, ein sehr blauer Ford Kombi, und danach hatte ich wieder einen Ford Kombi, Tusnelda.
Meine Autos zeichnen sich dadurch aus, daß ich sie ohne Helmut Hansmann nicht hätte und daß im Cockpit Bilder von Romy Schneider, von mir, meinen Freunden und Bette Davis kleben. So haben auch alle Beifahrer immer fröhlich was zu kucken, wenn sie bei mir im Auto sitzen.
Ludwig, Ernst und Tusnelda hatten eins gemeinsam: Sie waren ziemlich alte Rostlauben.
Und jetzt fahre ich Supie Swanson, das erste etwas gediegenere Auto der Marke Mercedes, mit Automatic, das sich bald in den Rostreigen einreihen wird, denn, so lieb ich meine Autos habe: außer Waschstraße gibt es keine Pflege!
Automatic ist wie Autoscooter. Extrem relaxend. Ich kann zwischendurch die Liebste bei der Hand halten, kann rauchen, essen, trinken, *den* Finger zeigen und muß nicht schalten, was ich sehr angenehm finde.

In Supie Swanson kleben vorne auf dem Armaturenbrett eine Pyramide und ein Buddha. Cornelia und ich streicheln dem Buddha immer dreimal über den Bauch, wenn wir ins Auto steigen, und bis jetzt (ptü ptü ptü) hat Supie uns ganz treu überall hingefahren.
Im übrigen habe ich sowieso in meiner Laufbahn als Autofahrerin erst (ptü ptü ptü) *einen* kleinen Auffahrunfall gehabt.
Ich bin definitiv *für* Geschwindigkeitsbegrenzung. 120 oder 140.
Obwohl ich selber gerne schnell fahre und sehr böse sein werde, wenn es das Tempolimit gibt, macht es Sinn, wenn du auf der Autobahn fährst und die Arschlöcher mit 240 hinter dir mit der Lichthupe blinkend ankommen.

My first car.
(Ludwigs Innenleben)

Die sollen ihre Aggressionen und ihr Potenzgebaren woanders austoben, sollen in den Wald gehen und schreien und sich einen runterholen, aber nicht mit dem Bleifuß Mörder spielen.
Ansonsten bin ich eine typisch deutsche Autofahrerin, fluche und schimpfe auf Teufel komm raus hinterm Steuer. Das brauche ich. Das ist ja eh mein Motto: Kein Magengeschwür dank Motzen. (Wie war das mit der Alliteration?) Immer, wenn ich mich ärgere, muß ich sofort schreien, das muß immer alles sofort raus, und im Auto liebe ich es halt zu fluchen und zu schimpfen und bin höchst moppig. Aber zum Glück bin ich ja eine Frau, deswegen bin ich auch umsichtig und kann defensiv fahren...
Ich habe wieder mal beide Seiten in mir.
Vier Seelen wohnen, ach! in meiner Brust: Die eine ist Frau von Sinnen, dann gibt's Pfiffi, Helli-Propelli und Schmocki-Stinknase. Genau. Wir 4 machen es uns nett in mir. Wir 4 machen's uns tierisch nett in mir.

Meinen Führerschein habe ich nicht direkt mit 18 gemacht, sondern erst mit 20 21 22, und habe ihn in vollen Zügen genossen, bin zweimal durch die Theorie und einmal durch die praktische Prüfung gefallen.
Inzwischen fahre ich gerne und auch gut Auto, aber am liebsten selbst. Das ist eine Familienkrankheit. Meine gesamte Familie: Hölle-Beifahrer!
Es gibt ja nichts Schlimmeres als hysterische Beifahrer.
Ich bin eine hysterische Beifahrerin!
»Vorsicht!... Paß auf!... Die Ampel ist rot!... Du mußt dich rechts einordnen!... Wir haben grün! Du kannst fahren!... Halt! Bremsen! Nicht so schnell!«
Setzen Sie *mich* nie neben sich!
Autofahren ist für mich die bequemste Form des Reisens – ich kann meine Koffer, Kostüme, Kippen, Kassetten (ich liebe Alliterationen), Käsestullen, Kuscheltiere – Kwatsch! –, also: Zigaretten, Butterbrote und Petzibären ins Auto schmeißen, fahre durch die Gegend und habe immer alles dabei. Sehr angenehm. Von Haustür zu Haustür.
Im Gegensatz zum Fliegen. Ich habe schwere Krisen, wenn ich kilometerweit Koffer rumschleppen muß oder die Mark für einen Kofferwagen gerade nicht klein habe. Außerdem werfen sich die Flughafenangestellten ja gerne die Koffer zu (wenn man nicht explizit darum bittet, das Gepäck fragil zu behandeln), und darüber haben in meinem Leben schon ziemlich viele Koffer ihr Leben lassen müssen oder sind gar nicht mehr aufgetaucht.
Ich erinnere mich da gerne an die Kleidersack-Odyssee anläßlich der BAMBI-Verleihung in Leipzig.
Das BAMBI-Kleid, Schuhe, Taschen und Ketten waren in einem extra von Hazy angefertigten, mit Straßsteinen beklebten Plastikteil verpackt, welches auf dem Weg von Leipzig nach Frankfurt verschüttgegangen ist.
3 Monate später konnte ich dann diesen vormals sehr stattlichen Kleidersack von 1 Meter 50 Durchmesser in Köln-Wahn bei der Lufthansa abholen. Er war inzwischen mit Paketband zu einem Bündel von 35 Zentimeter Dicke zusammengeschnürt worden und

Das BAMBI wohnt in der Wiesenstraße

gab uns den ganz und gar Räudigen. Darüber war ich ziemlich angestrengt.

Ich möchte noch kurz über Reiseproviant sprechen. Die Stulle an sich heißt dank Dada »Hasenbrot«. Wenn ich verreise und mir Stullen mit Salami und Käse und Fleischwurst und Schinken und Rührei mache, dazu ein Äpfelchen, ein Banänchen, Mars, Raider (jetzt: Twix), Snickers, Gummibärchen, Lakritz, Cola und Limo packe, ich diese dicke Freßtüte im Auto habe und noch nicht 5 Meter aus der Parkbucht Richtung Süden gefahren bin, sind an der nächsten Ampel schon sämtliche Brote aufgegessen, alle Tüten aufgerissen, 3 Liter Cola in mir, und noch bevor das Ortsschild Köln stadtauswärts passiert ist, möchte ich sofort eine Toilette aufsuchen. Als Kind habe ich dann gerufen: »Papa, ich muß mal!«; aber das ist als Erwachsene immer noch so. Die Hasenbrote werden sofort gegessen, und ich habe Druck auf der Blase. Das ist ein Reise-Phänomen, über das ich jetzt gerne sprechen wollte.
Danke schön.

Im eigenen PKW zu reisen bedeutet am wenigsten Streß – wenn nicht gerade LKW-Fahrer mit 130 unmotiviert vor mir ausscheren, ein Reifen platzt oder der Motor den Geist aufgibt. Oder ich in einen Stau komme. Ich möchte in meinem Leben nicht Sommerurlaubstechnisch zur Hauptsaison aufbrechen und mich in diese 100 Kilometer langen Staus einreihen.
Zudem ich im Stau an sich *grundsätzlich* auf der falschen Spur bin. Wenn ich links bin, bewegt sich die rechte Schlange, wenn ich rechts bin, bewegt sich die linke. Genau wie an der Sparkassen-Kasse.

In diesem Zusammenhang möchte ich auch gerne über Socken sprechen. Ich kann keinen Gang mit Socken waschen, ohne daß ich nicht zum Schluß einen Single habe. Bei jeder Wäsche macht sich eine Socke auf die Socken und niemand weiß, wo sie ist. Das macht mich fertig.
Oder beim Spülen! Wenn ich das Spülwasser ablasse, nachdem ich 5mal über den Beckenboden gefühlt habe, ob noch Besteck draufliegt, liegt hundertprozentig noch *ein* Löffel im Schaum.
Und in der Hotelbadewanne an sich liegt *jedesmal* bei meiner Ankunft *ein* altes Schamhaar zur Begrüßung. Ich habe schon die Theorie, daß das Zimmermädchen an sich nach harter Arbeit gerne ein Bad nimmt, und nenne es liebevoll »das obligate Juanita-Schamhaar«, denn von mir kann es nicht sein.

Aber zurück zum Stück: Ich freue mich auf McDonald's an den deutschen Highways. Das wird eine echte Konkurrenz für die Autobahnraststätte an sich, wenn die ihre Zelte aufschlagen. Da weiß ich, was ich esse, und ich fürchte, die würden auch darauf achten, daß das Drumherum nicht um ist. Toilettentechnisch brechen die sich keinen ab, wenn sie beispielsweise Toilettenpapier hinhängen. Bislang muß ich mir für 30 Pfennig einen alten, recycelten Lappen ziehen. Und wenn ich mir dann mit sehr viel Mühe und mit Hilfe eines Münzwechselautomatens auch die 20 Pfennig für die verschlossenen Türen organisiert habe, ist die Spannung kaum auszuhalten, in welchem Zustand der Pott ist, den ich ausgewählt habe: Ippendippendapp – wer zieht nicht ab?

Auch wenn ich mir zusätzlich für 1 Mark dieses sehr schöne Toiletten-Papier-Seife-Handtuch-Klobrillenbedeck-Set gekauft habe, habe ich schon beschissene Überraschungen erlebt, die sich auch nicht beseitigen lassen, weil es in den Kajüten keine Klobürsten gibt.

Im Gespräch: Batman, Wonderwoman, Catwoman und Supergirl.

BAT *Auf Reisen hab ich immer Sagrotan-Tücher dabei, vor allem, wenn ich mit dem Auto unterwegs bin. Sagrotan-Tücher sind sehr praktisch. Das sind so kleine Tücher, wie Erfrischungstücher verpackt.*
WONDER *Die brennen ja!*
BAT *Die sind ja nicht zum Abwischen, sondern um die Klobrillen sauberzumachen, da ja die Autobahnraststätten immer beschissen sind von oben bis unten.*
WONDER *Ich mache das nicht so todschick mit dem Sagrotan-Tuch, ich mache das ganz profan. Ich lege den Toilettenrand mit Papier aus, was schwierig ist, denn das Papier ist rechteckig, und der Rand ist rund. Ich brauche vier Stücke, bilde dann ein kleines Quadrat und setze mich dann erst drauf, wenn ich mich eben draufsetzen muß.*
BAT *Aber man sitzt doch nur mit den Oberschenkeln auf der Brille. Was kann denn da passieren?*
WONDER *Nein, du sitzt doch da drauf wie auf 'nem Pferd! Auf beiden Gesäßbacken!*
SUPER *Die Gesäßbacken müssen doch im Freien schweben?!*
WONDER *Nein.*
SUPER *Du sitzt doch nicht mit den Gesäßbacken auf der Brille!*
WONDER *Aber so was von!*
CAT *Steh mal bitte auf und zeig' mal.*
WONDER *(macht vor) Ich fülle somit das Klo komplett aus! Ich bin selber mein eigener Deckel.*
BAT *Ich finde, man kann zwischendurch auch mal abziehen.*

SUPER	*Ich gehöre auch zu den Sofortentsorgern! Noch mal eben hinterherwinken – aber prinzipiell: kacken und abziehen ist eins!*
BAT	*Übrigens war ich kürzlich auf Gozo, weil da doch sehr viele neue, saubere Toiletten sind. Überall ist Klopapier. Die kann man mit den deutschen Autobahntoiletten nicht vergleichen. So eine kleine Insel – und so viele Toiletten! Ich kenne mittlerweile jedes Klo auf Gozo.*
SUPER	*Ich möchte gerne mit euch über die südlichen Länder sprechen: Frankreich, aber auch Italien. Wie kann frau bloß in diesen Duschen entsorgen?*
CAT	*Ihr werdet lachen, diese Duschtoiletten ... ich finde die hinreißend! Es ist absolut hygienisch für mich! Wenn es wirklich ganz unerträglich ist auf einer Autobahnraststätte, dann stelle ich mich auf die Klobrille. Schlimm fand ich es jetzt in Bulgarien. Normale Toiletten. Du bezahlst 20 Stotinki und kriegst zwei 20 mal 10 Zentimeter große Papiere ...*
SUPER	*Ich Arme, das würde mir nicht reichen.*
CAT	*Aber das ist noch nicht das schlimmste. Das schlimmste ist, daß diese Papiere spiegelglatt sind. Sie sind nicht dazu da, den Hintern abzuwischen, sondern dazu, die Scheiße gleichmäßig auf demselben zu verteilen.*
BAT	*Darf ich noch mal schnell von dem Toilettenpapier auf Gozo berichten? Es gibt, glaube ich, kein Toilettenpapier auf Gozo, was man benutzen könnte, weil wenn man es benutzt, dann rutschen die Finger sofort durchs Papier. So dünn ist das.*
CAT	*Das passiert in Bulgarien nicht.*
SUPER	*Wie muß denn eine Toilette beschaffen sein, um unseren Ansprüchen gerecht zu werden?*
BAT	*Was ich wichtig finde, sind abschließbare Häuschen. Nicht so hauchdünne Wände dazwischen oder nur so hoch, daß man gerade mal so verdeckt ist. Man hat ja*

	sofort Hemmungen, Geräusche zu machen, und verkrampft sich noch mehr. Links und rechts um dich herum machen sowieso alle Geräusche, das finde ich einen Horror.
WONDER	Das ist nun mein Liebstes, wenn ich auf einer Toilette bin, in einer Raststätte, mehrere Abteile nebeneinander, und ich höre ein Geräusch, also einen Pfurz, da bin ich sehr gut gelaunt und möchte unbedingt die Produzentin dieses Gutelaunemachers kennenlernen. Ich warte dann auch vor den Toiletten, bis die Dame rauskommt, und stehe dann wissend grinsend vor ihr. Ich zeige ihr deutlich: Ich weiß, du warst es!
BAT	Auf jeden Fall geht es einem wesentlich besser, wenn man hört, die anderen machen auch Geräusche! Wenn es links und rechts ganz still ist, und man weiß, da ist jemand! Dann ist es schwierig. Übrigens, meinen eigenen Geruch finde ich überhaupt nicht schlimm.
SUPER	Das ist doch die klassische anale Nummer! Das Kind an sich spielt liebend gerne mit der eigenen Scheiße. Ich hab' auch so 'ne diabolisch perverse Lust an dem eigenen Gestank. Du sitzt da, kackst, und wenn es nicht gerade ein Fernet-Branca-Bierschiß ist, sitzt du doch glücksverzerrt da und freust dich über das leckere Essen vom Vorabend. Du kuckst so skeptisch. Teilst du das nicht mit mir?
CAT	Doch, aber mir macht es auch nichts aus, den Mief von Menschen zu riechen, die ich liebe.
SUPER	Das stimmt.
BAT	Ja, das ist was anderes, aber wenn's Fremde sind, dann mag man es nicht so gern. Oder wenn du selbst gerade draufgewesen bist. Und einer kommt dann rein. Da kriegst du einen total roten Kopf. Obwohl, im Grunde genommen ist es Quatsch, weil – du kannst ja nichts dafür. Du hast das doch nicht gebaut und gemacht und so entwickelt.

CAT	*Ich scheiße am liebsten zu Hause. Das ist gemütlich. Da weiß ich, wie es ist. Da riecht es auch nicht, und praktisch ist, wenn man zwei Toiletten hat, dann kann man auch synchron, denn wenn man synchron ist, dann muß man auch synchron.*
BAT	*Im Badezimmer ist es nicht so schön, eine Extratoilette ist eigentlich schöner.*
SUPER	*Ich persönlich scheiße sehr gerne in Badezimmern, lieber als in Gästetoiletten, weil mehr Platz ist.*
BAT	*Ich könnte mich ja nie auf ein Bidet setzen. Das finde ich ganz ekelhaft. Das finde ich widerlich. Außerdem weiß ich auch nicht, wie das funktioniert.*
CAT	*Bidet ist ein ganz spezielles Frauengerät.*
BAT	*Ich habe mich immer gefragt, wie ein Bidet funktioniert. Ich habe mich nie getraut zu fragen, weil ich gedacht habe, man lacht mich aus. Es gehört ja mittlerweile zum guten Ton, ein Bidet zu haben.*
CAT	*Nach dem Bumsen ist das äußerst praktisch.*
SUPER	*Nach dem heterosexuellen Bumsen, weil da ist frau froh, wenn das Smegma und Sperma aus der Möse rausläuft.*
BAT	*Smegma hat nicht jeder Mann.*
SUPER	*Der Beschnittene an sich ist da ein bißchen leckerer.*
CAT	*Und die bevorzugen wir ja ... Das Bidet ist sehr praktisch. Mit der Dusche werden auch die Beine naß.*
BAT	*Ich möchte bitte wissen, wer das überhaupt weiß? Ich wußte das nicht.*
CAT	*Das wissen alle Französinnen.*
BAT	*Aber hier in Deutschland. Ob sich da nicht wirklich Männer draufsetzen und sich da ...*
SUPER	*Mir hat neulich noch einer erzählt, er hat ins Bidet gepinkelt und sich gewundert, daß die Klos hier so tief liegen. Laßt uns noch mal kurz über die optimale Toilette sprechen. Worauf hattet ihr euch geeinigt? Also schalldicht muß sie sein.*

BAT	*Alles andere ist mir egal. Und daß genug Klopapier da ist!*
WONDER	*Für mich ist ganz wichtig, was zu lesen da ist! Da freue ich mich immer sehr, und da finde ich auch die Yellowpress ganz geeignet. Es gibt da verschiedene Zeitschriften...*
CAT	*»Bild am Samstag«...*
SUPER	*...da kriegt man dreckige Finger von... die ist zu großformatig, und du kriegst schmutzige Finger. Aber besonders eignet sich »Das Alte«.*
WONDER	*»Das Alte«, »Das Silberne Blatt«, »Die Frau im Koma«... all die wunderbaren Blätter... ich würde mich auch freuen über Kurzgeschichten...*
SUPER	*...die kotende Frau...*
WONDER	*Genau, wir geben eine Illustrierte raus: »Die kotende Frau«, viele unterhaltsame kleine Beiträge...*
SUPER	*Comics eignen sich auch optimal.*
WONDER	*Comic ist auch schön. Also, zu lesen muß dasein, geruchsneutral finde ich auch okay, aber was mir besonders Freude macht, ist das kleine umhäkelte Klopapierröllchen als Reserve... das finde ich ganz entzückend, da freue ich mich drüber.*
CAT	*Viel Toilettenpapier, und bitte weich.*
SUPER	*Das ist egal, da bin ich flexibel, das kann man ja auch übereinanderlegen, falls es zu dünn ist.*
BAT	*Bitte dreilagig!*
SUPER	*Und bitte nicht bedruckt! Ich möchte keine Blümchen, Pünktchen, Streifen, Rauten, Stammtischwitze; ich möchte weißes Papier haben! Es darf nicht verfremdet sein, nicht beige, nicht gelb, nicht zartrosa, es muß ganz weiß sein. Ich will genau diagnostizieren, wo ich dran bin. Was ja besonders für Frauen wichtig ist. Rosafarbenes Toilettenpapier ist ein definitiver Skandal, weil du nicht sehen kannst, wann deine Tage im Anmarsch sind oder das Ei springt.*

CAT	Und auch nicht grau-recycelt. Man kann auch weißes Papier umweltfreundlich herstellen.
SUPER	Und massenhaft Papier muß dasein! Obwohl es mich Ökotechnisch verspannt. Ich weiß natürlich, daß ich jeden Tag drei- bis fünfmal die Umwelt aufs höchste belaste mit meinem Tolilettenpapierverbrauch.
BAT	Warum nimmst du denn immer so viel?
SUPER	Weil ich so 'ne Hysterie damit habe, ob ich auch wirklich sauber bin. Obwohl ich keine Scheiße mehr am Hintern habe, muß ich noch dreimal rein ...
BAT	Bei dreimal wischen ist es doch schon sauber. So viel Klopapier braucht man doch gar nicht.
SUPER	Jetzt willst du mir mit deiner Hygieneklatsche ... du willst mir erzählen, daß ich da jetzt rational darangehen soll oder was?
BAT	Aber irgendwann ist doch nichts mehr dran! Dann ist es doch sauber!
SUPER	Ja, dann mache ich aber noch mal einen Test, und übrigens: Es ist mir schon öfter passiert, daß ich objektiv dachte, ich bin jetzt sauber, bin noch mal mit dem Finger rein und hab' noch ein Maiskörnchen rausgefischt!
WONDER	Übrigens, weil ich ja die leidenschaftliche Kackerin bin, kriege ich immer gute Laune, wenn ich merke, jetzt kann ich aufs Klo! Meine Stimmung steigt, und ich achte schon beim Essen darauf, was ich esse, weil verschiedene Dinge scheißen sich ja unterschiedlich. Das scharfe chinesische Gewürz an sich brennt einer am nächsten Tag die Rosette aus. Was scheißt ihr denn gerne?
CAT	Haferflocken.
SUPER	Ich esse unheimlich gerne Schokolade.
BAT	Wenn es ganz schlimm ist, esse ich immer Bitterschokolade.
SUPER	Zum Stopfen oder was?

Die Autobahnraststätten in Amerika, an den großen Freeways, haben ja gerne diese Woopie und Burger und Gedöns und Drive-in und Hasenbraten... das ist ein Unterschied wie Tag und Nacht. Da ist es sauber und angenehm, und man kann wirklich rasten. Wenn ich in Deutschland eine Autobahnraststätte anfahre, kriege ich sofort pantomimischen Herpes! Stinkendste Toiletten und grotesk teure Speisen.
Der Deutsche an sich ist doch auf der Autobahn zu Hause. Daß sich da noch nichts getan hat, kann ich nicht verstehen.
Ich kann auch nicht verstehen, warum nicht ToilettenwächterInnen engagiert werden, die für Sauberkeit sorgen. Ich weiß nicht, womit das zusammenhängt, jedenfalls beschwere ich mich hiermit offiziell über den Zustand der deutschen Raststätte an sich. (Ja, ja, schon gut! Die 3, 4 adretten seien hiermit auch erwähnt.)

Dann fliege ich schon lieber, und auch gerne. Besonders gerne erster Klasse. Ich bin sehr breit, und das Flugzeug an sich ist sehr eng. Der geneigte Leser erinnert sich sicherlich noch mit Freude an den Loriot-Sketch »Können Sie bitte mal die Blumen halten?«, und diesen Loriot-Sketch habe ich jedesmal live, sobald ich in der Business-Klasse den Mittelplatz eingenommen habe und die Toilette aufsuchen will (Papi, ich muß mal) oder eine alte Semmel mit einer ummen Salamirosette serviert bekomme. Loriot hat nicht die Bohne übertrieben!
In der Ersten sind die Sitze großzügiger konzipiert, und es wird direkt ein Schöppchen Schampus serviert, noch bevor es losgeht. Hinten im Flieger schwappt mir das erste Bier erst in den Schoß, wenn das Flugzeug bereits zur Landung ansetzt.
Meinen ersten Flug hatte ich 1980, von Brüssel nach New York und weiter nach Los Angeles, ein 8-Stunden-Flug mit der »Capitol Airlines«. Die Hölle! Da saßen links drei und rechts drei Menschen in einer winzigen Maschine, und jedes Luftloch gab uns die Vollbeutelung.
Ich verreiste damals mit Ute Müller-Nohl, auch aus der Familie der Flugängstlichen. Wir kauerten 8 Stunden mit grünen Gesichtern in unseren Sitzen... Magen-Looping, schweißnasse Hände... dieser

kalte Schweiß, der einer von den Zehen über den Bauch den Rücken raufkriecht, über die Oberlippe bis unter die Haarwurzeln, Herzbeklemmungen! Todesangst!
Ich weiß, wovon ich rede, und bin froh, daß ich keine Angst mehr vorm Fliegen habe.
Ich denke, der Tod ist auch mein Freund. Wenn ich abstürzen soll ... so ein Flugzeugabsturz geht doch bestimmt ziemlich schnell, oder? Durch den Druckabfall? Na, egal! Ich hoffe, daß ich benebelt bin, wenn das Flugzeug aufschlägt. Die Vision von einem Flugzeugabsturz ist für mich nicht die schlimmste, wenn ich so vermessen sein darf, überhaupt über irgendwelche Todesarten nachzudenken (ptü ptü ptü).

Ich mag Flughäfen, weil sie in der Regel sauber und clean sind, und dank meiner fröhlichen Prominenz ist der Sicherheitsbeamte an sich entzückend, wenn es nicht gerade ein Kesser Vater in München ist, der mit besonderer Süffisanz eine Prominentenbutze abklopfen möchte. In München ist das besonders doof, weil die keine abgetrennten Bodycheck- oder Wie-auch-immer-die-heißen-Kabinen haben. Und während ich wie in einer schlechten HAWAII 05-Episode die Befehle entgegennehme, Puder, Lippenstift, Schlüssel, Portemonnaie, Talismänner, OBs und Niveadöschen aus den Hosen- und Jacken- und Westentaschen krame, beobachten mich 24 interessierte Augenpaare in der Schlange hinter mir, was die von Sinnen so alles dabei hat – klasse.
Ansonsten habe ich mit Sicherheitsbeamten, gerade am Köln-Bonner-Flughafen, die besten Erfahrungen. Sie rufen fröhlich nach Autogrammen und piepsen kurz über mich drüber, was mir auch einleuchtet. Warum sollte gerade *ich* mit einer selbstgebastelten Bombe meiner schönen Karriere ein Ende setzen?
Bis jetzt habe ich (ptü ptü ptü) noch nicht diese Höllensachen erlebt mit den stundenlangen Warteschleifen und dem Wölfe-Warten am Flughafen, bis der Flieger endlich eine Startgenehmigung hat (et cetera), so daß ich doch ganz gerne fliege, wenn die Lufthansa nicht mal wieder hoffnungsfroh overbooked ist.
Jedenfalls fliege ich hunderttausendmal lieber, als daß ich mit dem

Zug fahre. Zug fahren ist für mich eher die Hölle. Ich finde es extrem teuer, man kommt nicht zügig vorwärts, und dann diese engen Gänge! Großraumwagen interessieren mich auch nicht, da kann ich ja gleich Bus fahren. Vor allem aber der Bahnhof an sich: Es gibt ja Bahnhöfe, die sich nicht gerne mit Rolltreppen schmücken. Mit 2 schweren Koffern, einer Tüte und 9 Petzibären unterm Arm hinter Bummelzügen herhetzen – extrem anstrengend!

Ich möchte auch nicht in einem Abteil mit 6 Menschen sitzen, die ich nicht kenne, und ein Gespräch aufgezwungen kriegen. Und wenn man nicht miteinander redet, ist es noch anstrengender: dieses peinliche Aneinander-vorbei-Kucken! Wie im Aufzug. Und 10 Minuten vorher planen, die Beine übereinanderzuschlagen. Und wenn die Batterien vom Walkman leer sind. Und wenn ein ummer Mann seine Reisetasche über dir in die Kofferablage wuchtet. Ich hasse Zugfahren!

Öffentliche Verkehrsmittel sind überhaupt ätzend. Überfüllte Busse, S- und U-Bahnen sind für mich (die Nase) vor allem ein Platzangst- und Geruchsproblem. Millionen Menschen müssen öffentliche Verkehrsmittel benutzen. Wäre es nicht todschick, wenn diese luxuriöser wären? Regelmäßiger und öfter fahren würden? Am End' die ganze Nacht?! Und wenn U-Bahn-Stationen mit Menschen bewohnt wären, die auf die Sicherheit achten? Wer will schon nachts um 2 alleine U-Bahn fahren? Ich hatte dabei immer ein mulmiges Gefühl. Dann lieber mit dem Taxi. Taxi ist leider teuer, und der Taxifahrer an sich ist extrem moppig. Aber Ausnahmen bestätigen die Regel!

Im Taxi kompensiere ich meine Beifahrer-Klatsche übrigens durch Weg-Klugscheißerei. Taxifahrer hassen mich.

Bötchen fahren, das kleine Bötchen an sich, das ist schon schön. Ich sage nur: Venedig... wunderbar! Da ist das Taxi an sich ja ein Motorboot. Vergelt's Göttin.

Auf größeren Pötten werde ich gerne seekrank. Wenn ich mir vorstelle, da in so einer Kajüte vor mich hin zu dümpeln, speiend, das ist nicht gerade die verlockende Art zu verreisen. Vielleicht muß

ich mal eine Kreuzfahrt machen, um zu checken, ob ich das vertrage: dümpeln unter Deck.
Zum Fortbewegen, fürchte ich, ist das Auto doch das bequemste Vehikel. Schade eigentlich!
Als Kind bin ich zweimal im Jahr verreist. Familientechnisch. In den Sommerurlaub und in den Winterurlaub. Im Winterurlaub ging es nach Österreich auf den Bödele. Da gab es dann auch Skikurse. Ich war damals 6 7 8 9 10 und konnte gut Skifahren. (Heutzutage ziehe ich den Schlitten vor.)
Im Sommerurlaub ging's zum Simssee. Der ist in der Nähe vom Chiemsee. Mit Middeldorfs. Daß ich klasse schwimmen konnte, hab' ich ja schon geschrieben.
Danke fürs Gespräch.

Heutzutage gehen mir Urlaubsreisen auf den Zeiger. Ich setze mich ungern der prallen Sonne aus, und ich frage mich natürlich auch, was ich den ganzen Tag in so 'nem heißen Dörfchen machen soll. Ob in Spanien, in Italien oder in Südfrankreich. Ich schwitze, falle ins Wasser, und ansonsten hänge ich am Strand rum und gebe den panierten Wal mit Sand im Getriebe. Und wenn es dann auch noch ein *völlig überfüllter* Strand ist, ich bitte Sie!? Da können Sie mir Geld dazugeben, da will ich nicht mehr hin. Mit diesem Verreisen bin ich zwiegespalten.
Auf der einen Seite gibt es eine gewisse Reiselust, eine gewisse Neugierde auf fremde Orte, fremde Länder und fremde Leute, aber wenn ich ehrlich bin, bin ich eine Urlaubshasserin und ertappe mich ständig in Deutschland. Und dann die fremdländische Speise an sich. Ich kann das Hyperölige schlecht vertragen. Da werde ich gerne Diarrhoetisch tätig. Wenn dann die Toilettenspülung ohne Druck ist, ist der Urlaub gelaufen. Da bin ich sehr spießig gestrickt. Ich möchte gerne intakte sanitäre Anlagen um mich herum haben. Mit 17 18 19 20 war die Abenteuer- und Reiselust ausgeprägter: Schlafsack im Kornfeld, übernachten im Auto, in WGs neben dem Katzenklo in der Diele pennen und so.
Je älter ich werde, desto bequemer und stinkbürgerlicher werde ich. Ich stelle fest, daß sich himpelige Sprüche in meinem Hirn häufen,

die mir früher bei den »Erwachsenen« auf den Tränensack gegangen sind. So nach dem Motto: Zu Hause ist es doch am schönsten und so...
Reisen ist einfach anstrengend!

Die Fremde an sich ist beklemmend. Vor allem, wenn ich die Sprache nicht verstehe. (Auf Mallorca geht's ja noch. Da hängen Schilder im Fenster: »Man spricht Spanisch«.)
Oder wenn ich mir vorstelle, wie Dada mit dem Zug durch Indien zu reisen, und ich muß den Hintern aus dem Waggon halten, um mich zu entsorgen... Ich möchte nicht darüber sprechen!

Ich liebe Hotels.
Viele meiner Kollegen haben einen großen Haß auf Hotels, und ich kann mir das auch vorstellen: alleine auf Tournee, immer nur in Hotels, und zwar jeden Abend in einem anderen, in einer anderen Stadt, das hat nicht viel Schönes. Aber an einem verlängerten Wochenende in einem schönen, großen Hotel zu sein, in München,

Berlin, Hamburg, London, Paris oder Venedig, das finde ich wunderbar.

Da liegen wir dann bis 14 Uhr in den Federn, lassen uns das Frühstück aufs Zimmer bringen, duschen fröhlich und verlassen nach Sonnenuntergang das Haus, um die Stadt zu erforschen. Dann kommen wieselflinke Menschen, machen die Betten, räumen alles auf und machen alles sauber.

Das ist doch sehr aufmerksam. Der Inbegriff von Luxus. Für mich jedenfalls.

Was ich natürlich brauche, ist ein großes Doppelbett. Das ist leider selten. In der Regel gibt es in Hotels zwei einzelne Betten, die gerne auseinanderrollen. Das ist ätzend. Ein französisches Bett muß es schon sein. Aber bitte mit zwei Decken; ich duckele gerne in einer Decke für mich allein.

In Venedig *gab's* ein großes Bett, aber nur *ein* großes Bettlaken mit ebensogroßer Roßhaardecke als Bettdecke. Dann haben wir darum gebeten, ob wir *zwei* Laken haben könnten, und haben das mit Zeichensprache erklärt. Die freundlichen Venezianer meinten, das sei kein Problem.

Nach ein paar Stunden kamen wir wieder ins Hotel und hatten immer noch *ein* Laken, aber jede von uns hatte *zwei* Kissen. So sind wir am nächsten Tag wieder runter:: »Es gab da ein kleines Mißverständnis... wir möchten gerne *zwei Laken* haben.«

Wir wußten aber zum Teufel nicht, was Laken heißt. »Blanket« ist uns leider nicht eingefallen, sondern nur »pillow«, und ich hatte ein unheimliches Erfolgserlebnis, weil ich dachte, »pillow« ist genau das Richtige. Ich habe also um zwei »pillows« gebeten, und wir kommen nach 5 Stunden wieder rauf ins Hotelzimmer und: Jede von uns hatte nun *drei* Kopfkissen, übereinandergestapelt, aber immer noch ein zusammenhängendes Laken. Dieser riesige Turm Kopfkissen!

Wir hätten im Sitzen schlafen müssen, um sie benutzen zu können, aber immer noch das *eine* durchgehende Laken. Wir also mit Tränen der Rührung zur Rezeption: »Ihr Lieben, es war leider ein Mißverständnis, wir wollten kein ›pillow‹ haben, wir wollten bitte zwei ›blankets‹ haben.« Ah ja, alles klar.

Wir sind wieder durch Venedig gelaufen. Abends kommen wir ins

Hotel, hatten immer noch drei Kopfkissen, hatten auch immer noch ein durchgehendes weißes Laken, hatten aber diesmal *zwei* von diesen Roßhaardecken über dem Laken.

Luxushotels finde ich todschick.
Voraussetzung natürlich: verkabelt! Wenn ich in irgendeiner Pension bin, in der mich um 23:40 Uhr das Testbild anschnarcht, habe ich wirklich eine tonnenschwere Krise. In der Regel brauche ich das Flimmern bis 4.30 Uhr. Sonst würde es sich ja auch nicht lohnen, bis 14 Uhr zu schlafen. Und ich will den Vormittag nun mal nicht sehen. Der interessiert mich nicht.
Besonders pfiffig ist der 24-Stunden-Service an sich. Morgens um 4 noch einen Happen-Pappen essen! Und bitte einen Swimmingpool. Zur Katerbekämpfung.

Im Zusammenhang mit Hotels, Tankstellen, Kneipen, Toiletten – also der Serviceleistung an sich – möchte ich jetzt über Trinkgeld (Tip) sprechen.
Ich verteile gerne üppig Trinkgeld. Das liegt daran, daß ich so lange

selbst gekellnert habe, nämlich 10 Jahre in Köln: Catacomben, Vanille, Cha Cha, Roxy, Station ... Studenten- oder Szenekneipen. Da habe ich 8 Mark oder 'nen Zehner die Stunde verdient. Wenn mir dann mal einer 'ne Mark oder zwei Trinkgeld gegeben hat, oder gar 'nen Heiermann, das war ein Festtag. Mit Trinkgeld hatte ich am Abend, wenn's gut gelaufen ist (der Student an sich gibt ja kein Trinkgeld), 15 bis 20 Mark mehr. Tip rettet den Stundenlohn!

Da ich mich an diese Zeit sehr gut erinnern kann, denke ich bei ToilettenwächterInnen, Kofferträgern, Zimmerservice, Kellnern, Tankwarten etc. gerne an Trinkgeld. Es soll keine großkotzige Geste sein. Ich weiß, wie lange ich vom Trinkgeld gelebt habe. Aus diesem Gefühl heraus gebe ich ziemlich viel Trinkgeld, und das geht so weit, daß ich selbst im Supermarkt kurz davor bin, zu sagen: »Stimmt so.« Ich habe mir das so angewöhnt, zu sagen: »Stimmt so.« Dicki und ich haben es schon geschafft, beim Metzger Trinkgeld zu geben! Unsere Metzgerei in Weinini, Faßbender, hat 'ne Weile für Karl (die Katze meiner verstorbenen Mutter) das Fleisch in kleine Stückchen geschnitten (ich ekle mich arg vor rohem Fleisch) und in kleine Beutelchen eingeschweißt, so daß Bine, Dicki und ich sie direkt einfrieren konnten und das Fondue dem Kater nur auftauen mußten. Dafür war ich Faßbender sehr dankbar, hab' getipt, wo ich konnte, aber sie haben's mir immer zurückgegeben mit hauseigenem Sekt und bestem Fleisch.

Ich mag die Infrastruktur in einem Veedel gerne. Man kennt sich, hält hier ein Schwätzchen und da ein Schwätzchen, beim Bäcker, in der Reinigung. Plaudert mit Frittenbudenbesitzern, Frisösen und Tankwarten. (BriefträgerInnen kenne ich leider nicht, wenn die kommen, bin ich nie wach oder schon weg.) Aber der Postbeamte an sich, die Frau am Kassenhäuschen in der Badeanstalt, die Apothekerin, die Sparkassenfiliale – we are family.
Wie Sie wissen, bin ich Trinkerin und Esserin. Ich kann nicht kochen und gehe fast täglich zum Essen aus. Und zum Trinken. Aufgrund meiner Vergangenheit als Barschlampe bin ich höchst fimschig und argusäugig in Kneipen.

Wenn die Bedienung ein Kölschglas serviert, und es oben anfaßt anstatt unten, kriege ich schon einen pantomimischen Herpes. Mit denselben Fingern hat der Kellner am End' 2 Minuten vorher den Aschenbecher leer gefegt... oder was weiß ich, wo er den Finger gerade hatte.
(Wie war das mit dem alten Witz: Herr Ober, nehmen Sie bitte den Finger aus meiner Suppe! Sagt der Ober: Tut mir leid, ich habe ein schweres Eitergeschwür am Daumen, und der Arzt hat mir verordnet, ich soll's warm halten. Gast: Mir egal, wie Sie ihn warm halten, stecken Sie sich den Finger doch in den Arsch. Daraufhin der Kellner: Da hatte ich ihn gerade, aber so kann ich unmöglich die Suppe servieren.)
So – wer weiß, wo der Kellner gerade seine ummen Finger hatte? Also Kölschgläser bitte unten anfassen und der Helli servieren.

Ich gebe zu, ich habe eine kleine Hygieneklatsche. Aber Lippenstift am Glas und der überquellende Aschenbecher an sich trüben mir das Späßchen. Dann zuckt es mich in den Fingern, und ich möchte immer aufstehen, die Aschenbecher leeren und die Gläser spülen. Ich bewundere Kellner und Kellnerinnen in Restaurantbetrieben, die sich 3 Schnitzel mit Pommes, eines mit Kroketten, 4 Salate ohne Zwiebel, 5 Kölsch, 4 Schuß, 2 Cola, einen Asbach, 8 Wasser, 2 ohne Eis, eines ohne Zitrone, 2 Salate mit Thunfisch, 2mal Halven Hahn, 4mal Grünkohl und eine Schweinshaxe im Kopf merken können und es dann auch noch alles balanciert kriegen. Tag für Tag etliche Kilometer abreißen und tonnenweise schleppen... da hab' ich großen Respekt vor.

Was ich nicht leiden kann, ist, wenn es nicht vorangeht, wenn Kollegen ihren Job nicht beherrschen. Ich habe die Erfahrung gemacht, *ich* war immer am besten, wenn die Bude gerammelt voll war. Wenn nichts los war und ich wegen jedem Kakäöchen und jedem Alsterwasser meinen Arsch vom Barhocker heben oder von der Zeitung aufblicken mußte, war ich moppig und unfreundlich und habe mich geärgert über jeden Gast, der kam.
War aber die Kneipe voll, alle Tische besetzt, an der Theke 40 Leute,

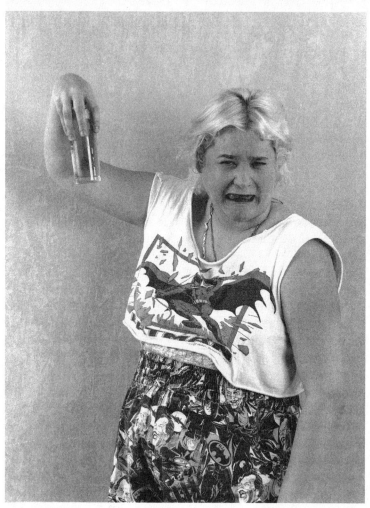

falsch

richtig

»Hella, hier« und »Hallo, Sie!«, dann ging die Zeit rum und ich war in meinem Element. Die Herausforderung, ob ich mir die Bestellungen alle merken kann, zwischendurch kassieren, Aschenbecher leer machen, Kaffee mahlen, Gläser durchs Becken ziehen und dann noch aufpassen, daß hinten in der Küche die Eier kochen für die Salätchen... Ich hab' den Job gut gemacht, weil ich kontaktfreudig bin, Selbstvertrauen ausstrahle und auch nicht zu ängstlich war, randalierende Schmocks auseinanderzureißen und rauszuschmeißen, oder Britzebreiten das letzte Bier verweigert habe.

Nur bei »Fräulein« wurde ich zum Tier! Don't call me »Fräulein«! don't call *anyone* »Fräulein«!

Ich liebe gute Wirtinnen und gute Wirte. Der Berliner ist als Wirt prädestiniert, mit dem jammernden Stammgast an sich vernünftig umzugehen.

Apropos Theke! Ich möchte meine These loswerden, wo der Rheinländer sich von dem Berliner unterscheidet:

Ich erinnere mich, als ich ein Kind war und lang hinschlug, waren immer Tanten oder Omas oder Väter oder Mütter in der Nähe, die erschraken und mich hochnahmen, mir den Asphalt vom Knie kratzten und »Ach du lieber Himmel! Hast du dir weh getan? Armes! Jetzt hast du dich aber erschrocken!« riefen. Dann war ich erst mal 10 Minuten lang am Krähen und wollte aufwendig getröstet werden, bis ich mich Märtyrertechnisch wieder gefangen hatte.

In Berlin wurde ich Zeugin einer aufschlußreichen Szene. Ich stehe vor einem Schneideraum und warte auf den Kamerabus. Da kommt ein kleines Mädchen auf mich zugehoppelt, und hinter ihr geht die Mutter. Das kleine Mädchen war in dieser typisch übermütigen, affektierten Stimmung, es hopste in die Höhe, schlenkerte mit den Armen und sang ein einfältiges Liedchen vor sich hin. Plötzlich schlug es lang hin, und in seinem Gesicht konnte ich den Moment des Schreckens lesen: »Was mach' ich jetzt? Hab' ich mir jetzt weh getan, oder habe ich mir nicht weh getan?« Die Mutter jedenfalls ging an dem Mädchen vorbei, ohne es weiter zu beachten, und rief ihr von oben her zu: »Na, haste watt jefunden?« Daraufhin entschied sich das Mädchen: »Ich habe mir *nicht* weh getan!«, rappelte sich auf und hopste fröhlich singend weiter.

Das ist für mich der Unterschied zwischen rheinländischer und Berliner Erziehung. Der Berliner kommt gar nicht dazu, besonders verzärtelt und jammerlappig drauf zu sein.

Ich liebe BerlinerInnen. Ich liebe auch HamburgerInnen. Und wenn ich nach München fahre... ich mag die MünchnerInnen auch. Und die KölnerInnen und RömerInnen und LondonerInnen. Ich glaube ich mag einfach GroßstädterInnen. So.

Manchmal bin ich so wach!

Kapitel 11
Meine Karriere und ich – wir beide

Im Prinzip bin ich ein unmoralischer Mensch. Ich kann alle Spielarten des Lebens nachvollziehen. Nur gegenüber Machismus, Antisemitismus, Rassismus und Faschismus bin ich absolut intolerant! Da hab' ich voll die Haßkappe auf.
Nun gut. Ich bin selber nicht frei von Antipathien und Vorurteilen. Ich sage nur: der Araber-Schmock an sich... 30 verschleierte Mädels im Harem sitzen haben, klar, und auf Sylt uns beiden zurufen: »Frrau Schäll ist eine Beleidigung fürrr Deutschland!«. Wer weiß, ob ich nicht in einem früheren Leben ein dicker Scheich war, mit ziemlich vielen Frauen im Harem... Aber in *diesem* Leben komme ich nicht auf die Idee, irgend jemandem hinterherzuzischen, daß er ein Scheiß-Hetero ist. Ich habe mich noch nicht umgedreht, um irgendein Outfit oder Verhalten mies zu kommentieren, von Mitmenschen, die sich's einfach nur nett machen wollten.
Ich bin von zu Hause aus tolerant und freue mich an Originalität und Individualismus. Spießige Reaktionen von Bürgern – popeliges Anmachen von Pubertierenden, hysterisches Warnen von Religionsgemeinschaften, verbrecherisches Verhalten von Neonazis –, das ist alles zum Speien.
Ich bin leider auch fanatisch. Eine Gerechtigkeitsfanatikerin.
In der Schule habe ich gerne Schwächere verteidigt und habe als Mädchen schon nicht eingesehen, warum Männer mehr Rechte haben sollen als Frauen, oder Weiße mehr Rechte haben sollen als Schwarze.

Ich selber habe auch gerne Macht. Ich bin gerne wichtig. Aber ich bin ein ausgesprochener Team-Mensch. Ich habe nicht das Bedürfnis, Lonesome-Cowgirl-mäßig einsame Entscheidungen zu treffen oder zu sagen, ich bin der Boss.
Genauso ungern bin ich unter der Kontrolle von anderen und kriege nicht gern Befehle. Ich möchte immer möglichst mitentscheiden – wie ich auch andere mitentscheiden lassen will. Ich hasse es, andere Leute rumzukommandieren oder Entscheidungen allein zu treffen. Herdenprinzip ist ätzend: Alle dümpeln vor sich hin, und eine entscheidet und gibt die Richtung an. Es ist bequem, aber unbefriedigend.

Ich möchte immer wissen, worum es geht, auch bei meiner Arbeit im Fernsehstudio, auf der Bühne oder im Film. Da ist es für mich wichtig, gute Regisseure zu haben, die mir erklären: »Wenn du jetzt das und das machst, dann darum und deswegen.« Wenn einer sagt: »Du mußt jetzt das und das machen, weil ich das so will«, bin ich störrisch, verzickt und verstockt und im höchsten Maß unmotiviert und moppig. Ich muß alles nachvollziehen können, es akzeptieren und von daher heimlich die Entscheidung mitgetroffen haben.
Vielleicht liegt es auch daran, daß für Wassermänner und -frauen das »wir« wichtiger ist als das »ich«. Ich kann andere Entscheidungen respektieren und akzeptieren und umgebe mich gerne mit mindestens genauso starken, wenn nicht stärkeren Persönlichkeiten.
Es nervt mich, wenn ich von schwachen Persönlichkeiten umgeben bin, denen ich auf der Nase rumtanzen kann!

Ich habe in meinem Leben tolle Frauen getroffen, die ich bewundert habe, und eine großartige Erfahrung ist es, sie als Freundinnen zu gewinnen. (Ich meine jetzt nicht zwingend Liebhaberinnen.)
Dann kuck' ich hier was ab und da was ab und pfusche mir so 'ne mittlere Lebensreife zusammen, wobei ich *mein* EGO nicht aus den Augen lasse. Daß es nicht zu weit rausschwimmt. Wozu habe ich denn noch meinen Skorpion-Aszendenten?!

Ich möchte mich durchaus als »Glückskind« bezeichnen: Ich war nie ernstlich krank, habe ein gesundes Selbstbewußtsein, reizende Verwandte und eine hervorragende Intuition. Ich bin ehrlich, offen, treuherzig, verantwortungsbewußt, habe Respekt vor anderen Leuten und bin neugierig auf alles.

Ich kann prima über mich selbst lachen, bin aber auch aggressiv und jähzornig.
Ich finde es gut, daß ich extrovertiert bin und über mein Temperament Ventile habe, also Sachen nicht in mich hineinfresse. Natürlich bin ich auch noch nölig und fimschig, kann schlecht Kritik vertragen und bin schnell beleidigt. Dann schmolle ich wie Obelix oder reagiere cholerisch und schreie rum.

Aber in der Regel schlaf' ich die Nacht drüber und stelle dann fest, da ist was Wahres dran, und entschuldige mich für meinen Fehler.

Ich denke, daß ich von Hause aus einen ganzen Sack an wunderbaren Eigenschaften mitbringe (call me Santa), und wenn ich andere interessante Menschen mit ihren Geschichten und ihrem Können treffe, gibt es einen fruchtbaren Austausch. Das ist faszinierend.
Deshalb habe ich den optimalen Beruf für meine Verhältnisse.
Mein Beruf ist Kommunikation. Ich habe das Talent, mit Menschen zu kommunizieren.
Meine Mutter selig hat immer behauptet, ich wäre mit normalen Maßstäben nicht zu messen. Ich wäre eine besondere Person. Ich habe ihr geglaubt!
Selbst wenn das alles ist, für 3 oder 4 oder 5 Jahre in einem kleinen Land in Westeuropa ein Fernsehstar zu sein – ist doch klasse! Danke fürs Gespräch. Es belastet mich auch nicht, in der Öffentlichkeit zu stehen oder prominent zu sein, es sei denn, ich sitze in der Gondel vom Riesenrad...

Die ersten Auftritte, an die ich mich erinnern kann, hatte ich im »Konsum« und im trauten Familienkreis.
Mit 6 7 8 9 10. Oma und Opa Köln standen (wie die meisten) Kölner auf Karneval wie 'ne Eins. Ich nehme an, sie waren die Quelle, denn bei uns im Plattenschrank standen zwei LPs von Kurt Lauterbach aus der Familie der Karnevalisten. Eine blaue und eine rote. Die blaue war besser.
Wir haben immer viel Späßchen gehabt, wenn sie aufgelegt wurden.
Kurt Lauterbach hatte eine Nummer, die ich den LeserInnen jetzt schlecht vormachen kann. Sie können mich ja nicht hören und nicht sehen. Jedenfalls handelt die Nummer von zwei alten Freunden, die sich treffen. Einer von beiden hat einen schweren Sprachfehler und quaakt unmotiviert – entenähnlich. Auf Ratschlag des anderen läßt er sich operieren und eine Flöte einsetzen. Er macht noch diverse Lippenoperationen mit, und zum Schluß hat er den Sprachfehler immer noch, nur daß er nun sehr eindeutige Pfurzgeräusche von sich gibt.
Das ist die Pointe dieses kleinen Vortrages, die Worte: »Den Ton

hier ... ppff ..., den lassen wir, ... ppff ..., der ist anständig!«
Kurt Lauterbachs Outfit war ein zu kleiner Anzug, ein englischer Bibi und eine kleine Handtasche. Ich habe mir dann Karnevalstechnisch ein kleines Hütchen gekauft, von meiner Mutter ein kleines Täschchen genommen, die Backen aufgeblasen, und wenn eine Feier stattfand, gab ich Lauterbach. Meine puckelige Verwandtschaft hat sich köstlich amüsiert, und ich bin danach mit meinem Hut rumgegangen, habe gesammelt und 3 4 5 Mark zusammengekriegt. (Wie ich mich kenne, habe ich die dann wieder in den Kauf eines dieser Hartgummi-Mainzelmännchen investiert. Das war nämlich mein Liebstes – Det, Conni, Bertel ... wie heißen die noch alle?)

Mit diesem Sketch habe ich große Triumphe gefeiert. Die meisten Tränen hat mein Patenonkel Karl-August gelacht. Er hat so gelacht, daß er mir einmal anstatt Geld einen Knopf in den Hut geworfen hat, vor lauter Erschöpfung. Da war ich doch ziemlich empört.
Wochen später habe ich ihn drauf aufmerksam gemacht, daß er keine Kohle in den Hut geworfen hat. Daraufhin hat er mir 2 Mark gegeben – na also.
Mit 10 11 12 13 hatte ich noch einen Kurzauftritt, bei dem ich großes Lampenfieber hatte, und zwar im Hotel von Bärbel Minnes Bruder. Bärbel Minne war unsere Klassensprecherin, und ihre Eltern hatten ein Hotel. Ihr Bruder hatte auch ein Hotel, das Hotel Winter. Da gab es ein Weihnachtsspiel.
Denen war nun kurzfristig jemand ausgefallen, und sie haben mich gefragt, ob ich mitspiele. Helga Frowein machte auch mit, und ich gab das ältere Kind eines Geschwisterpaares mit dem legendären Satz: »Das darfst du nicht, dazu bist du noch zu klein!«
Ich weiß, daß ich das ganz toll fand, vor fremdem Publikum zu spielen, und hatte schon dieses Prickeln: Laßt euch umschlingen, Millionen!
Im CVJM hatte ich dann noch einen Kurzauftritt als holländisches Schiff: »Wir haben den gleichen Weg! Ihr seid nicht allein.«
Und dann bin ich mit 14 15 16 17 18 in die berühmte SPIELSCHAR der GYMNASIEN gelatscht. Es gibt ja an den Schulen oft Theater-

gruppen. Wir hatten eine, die war relativ etabliert. Horst Bobrowski war Philosophie- und Deutschlehrer und leitete die SPIELSCHAR. Das erste »Stück«, in dem ich gespielt habe (zur Einweihung des Bühnenhauses in Gummersbach – gleichzeitig unsere Aula), war: AM PRANGER oder wie auch immer.

Ich weiß nicht mehr, wer es geschrieben hat oder ob wir es selbst geschrieben haben, jedenfalls war gerade Fußball-Weltmeisterschaft in Deutschland (1974), und der Plot dieses kleinen Stückchens war folgender: Wir waren Schüler und hatten einen autoritären, reaktionären Lehrer. Der Lehrer stellte jemanden aus unseren Reihen zur Bestrafung an den Pranger. Dann drehten wir den Spieß rum: Der Pauker kriegte bei der ersten mopsigen Sache, die er machte, die gelbe Karte gezeigt, dann die rote, und dann landete er selber am Pranger. Es war also ein Stück über Auflehnung, darüber, daß du dir nicht alles gefallen lassen sollst – über Solidarität.

Ich war eine der aufmüpfigeren Schülerinnen und saß in der letzten Reihe. Mit Elke Barth und Ulla Hospelt. (Die rote Karte habe ich immer noch, da hat Sabine Sinjen ihr Autogramm draufgeschrieben – warum können Wassermänner nichts wegschmeißen?)

Danach war ich die Mutter in dem berühmten Einakter: »Gift, Profit und Antiane«.

Es ging um einen Giftmüllskandal, und ich hatte eine engagierte Tochter, Antiane eben (wie der Name schon sagt). Als Mutter mußte ich den Tisch decken. Ich war mutterseelenallein auf der Bühne, und es ist ein ziemliches Wolfsprogramm, wenn du alleine als Mutter auf der Bühne stehst und einen Tisch decken mußt: Monotone Routine-Aktionen und zwischendurch diese Hausfrauenseufzer: »Haaach ja!«

Wir haben es dreimal gespielt. Am dritten Abend gab es, nachdem ich den Tisch gedeckt hatte, Szenenapplaus.

Ich hatte schon eine gewisse Bühnenpräsenz. Zudem hat es viele Zuschauer überrascht, wie die burschikose Pfiffi zur sorgenvollen Mutter mutieren konnte.

Meine dritte Rolle war: FRÄULEIN MESSAIAS. Diese Geschichte spielte in einem Hotel. Die Hotelbesitzerin hatte 2 Töchter, und ich war Gast, mit einem dicken Kreuz um den Hals. Die Haare zu 'nem

Dutt gebrasselt und mit meiner runden Nickelbrille, gab ich eine schrullige, bigotte Person, Bühnenfach: alte Jungfer.
In dem Stück ging's darum, daß die jüngste Tochter Edith (gespielt von Peggy Hohman) mit einer unehelichen Frucht im Leib nach Hause kommt, also um Ablehnung, Moral, Vorurteile, pipapo.
In einer Szene traf ich mit ihr zusammen und ließ an der Rampe die religiöse Klugscheißerin raushängen: »Ach, was wißt denn ihr unfertigen Menschen? Gar nichts wißt ihr, gar nichts! Aber aus dem Sattel wollt ihr uns heben! Unsere Fehler wollt ihr uns um die Ohren schlagen, wo ihr doch selbst an euren Fehlern erstickt! Einsicht (Pause), Fräulein Edith! (längere Pause) Die Welt (Pause) braucht *Einsichtige*! (Mit erstickter Stimme) an Kurzsichtigen hat sie genug«.
Auf dem Absatz umgedreht. Abgegangen. Szenenapplaus!
Daraufhin stand prompt in der OVZ: »Hella Kemper als Fräulein Messaias – eine moralisch einwandfreie Person – erntete Beifall auf offener Szene. Mimik und Darstellung wurden nahezu überschwenglich vom Publikum honoriert.« Und im OBERBERGISCHEN ANZEIGER: »Hella Kemper, die in allen Bühnenfächern zu Hause ist, fand in dem ältlichen und bigotten Fräulein Messaias eine Rolle, in der sie trotz gewohnter Spielfreude die Ausdrucksfähigkeit fein dosierter Ironie unter Beweis stellen konnte.«

Na bravo. *Spätestens* bei dieser Produktion bin ich süchtig geworden. Ich mußte Schauspielerin werden. Diese Spannung! Die Leute kucken gebannt auf dich, und du hast sie. Mit jedem Wort, jeder Geste, jeder Pause, jedem Blick hast du sie in deiner Gewalt, und die Spannung entlädt sich im Applaus.
APPLAUS – die Pizza Tonno der Künstlerin. Außerdem steht dein Name in der Zeitung. Klasse!
Im letzten Jahr vor dem Abitur haben wir zwei Einakter von Ionesco gespielt:
JAKOB ODER DER GEHORSAM und DIE ZUKUNFT LIEGT IN DEN EIERN oder WIE FRUCHTBAR IST DER KLEINSTE KREIS?« Absurdes Theater. Wunderbar. Schon ziemlich professionell.
Ich spielte wieder eine Mutter. Wir waren eine hysterische Truppe von Verwandten, die den grünhaarigen Jakob dazu zwingen wollten,

Bratkartoffeln mit Speck zu essen. Ein witziges, gutes Stück. Wir ernteten große Anerkennung in der Stadt.

Im Sommer '77 war die schöne Schul- und Spielzeit vorbei, und nach einem 3monatigen Gastspiel in einer Lippenstiftfabrik (als Arbeiterin) begann dank Immatrikulation die Studiobühnenzeit, die ich im Kapitel 7 erwähne.

Ha! Hab' ich überhaupt schon von meinem ersten Fernsehauftritt erzählt? Nein? Also: 1979/80 habe ich im WDR den berühmten Roadrunner-Job im Studentenpool gemacht. Als Student kannst du ja beim WDR als Kabelhilfe jobben oder aber ein Jahr im Haus rumrennen, Filmrollen rumtragen, Dispos fotokopieren. Ich habe letzteres gemacht, in der Etage Politik, und des öfteren Karin Laghusemann in ihrer Mittagspause vertreten, um für MONITOR Telefondienst zu machen. Damals war Claus Hinrich Casdorff Chef bei MONITOR. Nebenbei hat er ICH STELLE MICH mit Ute Loeper moderiert.

Eines schönen Tages wollte sich Max Merkel stellen, dieser österreichische schwadlappige Ex-Fußballtrainer, und sie wollten ihm eine renitente Caféhausbesucherin vorsetzen, die er zum Heurigen überreden sollte. So Schlagfertigkeitstechnisch sollte er Charme machen.
Benedicta von Tobien (Tobiene), die Chefsekretärin Casdorffs, kam dann auf die Idee: Warum nehmen wir nicht die Hella – die will doch Schauspielerin werden und hat 'ne große Klappe? Sie nahmen mich (mit Oswins Make-up und Beate Rademachers Kostümchen hat mich die Aufnahmeleiterin nicht erkannt), und ich bekam meine erste Fernsehgage: 300 Mark. Klasse.

An der STUDIOBÜHNE lernte ich Dirk Bach und Dada Stievermann kennen. Sie spielten SALOME von Oscar Wilde unter der Regie von Martina Bako. Dirk gab den Herodes und Dada die Herodias.
Dada war ich vorher schon mal begegnet, in einer Kneipe in Köln, im PEPERMINT. Sie kam rein, und ich habe gerufen: »Da kommt

Cruella de Ville, Cruella de Ville.«(Cruelle de Ville ist die Böse aus PONGO UND PERDITA von Walt Disney.)
Ich wiederum war Dada im KARL-MAY-Seminar aufgefallen, als ich mit Fransenhose und Silberbüchse von meinem roten Bruder erzählt habe.
Die SALOME-Inszenierung hat mir gut gefallen. Ich fand beide toll, vor allem Dirk Bach. Er hat so ein enormes Talent!

Dicki ist mein bester Freund...

... und mein liebster Bühnen-, Film- und Fernsehpartner

Es war eine dieser wenigen Begegnungen aus der Familie: »To touch the people's heart«. Das war mit Dirk Bach so, und das ist mir passiert mit Tana Schanzara, Georgette Dee und Jutta Wübbe.
Das sind Glücksmomente, wenn ich KünstlerInnen begegne, die so eine große Bühnenpräsenz haben. Die ein besonderes, außergewöhnliches Talent haben.
Dirk (Dicki) ist mein liebster und bester Freund geworden. Dada fiel mir dann im Karneval '81 noch mal besonders ins Auge, da sie entfesselt Hunnen küssen mußte und tütenweise Strüßcher, Kamellen, Schokolade und Pralinen auffing. An diesem Rosenmontag haben wir beschlossen, wir gründen eine Theatergruppe, wir drei. Dada war damals mit Kristof Korn zusammen, und zu viert haben wir eines Nachmittags im VANILLE gesessen, und uns einen Namen überlegt. Stocknüchtern sind wir auf den Namen: »Die eiligen 3 Faltigen« gekommen. An dem Abend kam Dada vor Lachen nicht in den Schlaf, behauptete sie.
Den ersten großen Auftritt hatten wir dann auf einem Friedensfest in Mönchengladbach. Für dieses Fest haben wir ein paar schrille Nummern mit Dietmar Schwarz zusammen geschrieben, der auch die Conférence gemacht hat.
Und dann hatte Bärbel Nolden Geburtstag. Sie war eine Kollegin aus meiner Hepheistos-Produktion gewesen, und wir beschlossen, wir schenken der Bärbel DAS WAR IHR LEBEN (nach der Show DAS IST IHR LEBEN mit Karlheinz Hollmann). Es war ein köstlicher Erfolg.
Ja, und dann war im Luna-Theater ein Festival für Kölner Kabarett-Truppen.
Da wir inzwischen wußten, daß wir relativ schnell produzieren konnten (zu bestimmten Ereignissen suchten wir uns Requisiten aus dem Studiobühnen-Fundus zusammen, schrieben holterdipolter ein paar Sketche, und schon standen wir auf der Bühne), haben wir zugesagt.
Mit Dirk hatte ich vorher schon zu einem Studiobühnenfest-Ereignis die Balkon-Szene von ROMEO UND JULIA (genau, Shakespeare) in neun verschiedenen Variationen einstudiert. Wir haben die Szene unter anderem als Blues gesungen, als Volkstheaterstück interpretiert (er als Willi Millowitsch, ich als Heidi Kabel), als

Boulevard-Theaterstück (ich als Verführerin mit Boa, er als Heinz-Erhardt-Verschnitt) oder im Muppet-Show-Mäntelchen (er gab Miss Piggy, ich Kermit).
Fürs LUNA wollten wir was Neues schreiben.
Das Festival kam also näher und näher und näher, und wir hatten kein Programm – uns fiel nichts ein, wir kamen nicht aus den Socken.
3 Tage vorher haben wir gesagt: Okay, wir machen folgendes: Dada liest aus ihren Tagebüchern (Dada ist eine fleißige Tagebuchschreiberin und hatte sämtliche Tagebücher seit 1964 rausgefischt). Dicki und ich, beide im »kleinen Schwarzen«, haben uns in bequemen Ohrensesseln um sie herumdrapiert, und Dada hatte eine Flasche Kognak und eine Schachtel Pralinen vor sich stehen.

Wir hatten ausverkauftes Haus bei der Premiere. Alle wollten uns sehen, denn wir hatten uns inzwischen bei all unseren Freunden und Bekannten in Köln einen Namen gemacht.
Und so freute sich das Premierenpublikum auf einen schönen Abend unter dem Titel: EIN FEUERWERK DER GUTEN LAUNE.
Der Vorhang ging auf, Dicki hat gestickt, ich habe gehäkelt, und Dada hat anderthalb Stunden aus ihren Tagebüchern vorgelesen.
Es war eine Tour de Farce. Ich bin abwechselnd knallweiß und puterrot geworden. Das Publikum wurde immer aggressiver und zischelte: »Was wollen die eigentlich? Sind die bescheuert? Was machen die mit uns? Wann hört endlich dieser peinliche Sketch auf? Wir wollen ihr Programm sehen!«
Dicki stand zwischendurch tapfer auf und rezitierte völlig unmotiviert das schöne Gedicht: »Has', Has', Osterhas', du mit deinen bunten Eiern« – und viele verließen die Vorstellung.

Die einzige, die sich köstlich amüsierte, war Anette Stievermann, die Schwester von Dada.
Als es vorbei war, kam Oswin Schürmann zu uns in die Garderobe und sagte, wir dürften auf keinen Fall noch mal mit dieser Sache auftreten, sonst würde Dada in eine geschlossene Anstalt eingewiesen.

Wir haben dann die Einnahmen von diesem Abend dem LUNA-Theater wieder zurückbezahlt, die restlichen zwei Vorstellungen wegen Krankheit abgesagt und uns schnell umbenannt in DIE STINKMÄUSE.

Heute sprechen alle, die damals dabei gewesen sind, von einem legendären Abend.
Tom Gerhard (inzwischen auch bekannt), den wir von der STUDIO-BÜHNE kannten, hat damals Hans-Dieter Hüsch getroffen und ihm am Biertisch von dem Abend erzählt. Hüsch wußte *damals* schon, daß wir auf dem Punkt waren.
Wir wissen's erst heute.
Alle, die nicht dabei waren, sind tieftraurig. Dirk, Dada und ich möchten den Abend inzwischen auch nicht mehr missen. Damals wollten wir, daß sich der Boden unter uns auftut und mit Haut und Tagebüchern verschlingt.

Als STINKMÄUSE sind wir dann in der CHARADE aufgetreten. Im ersten Teil der Show haben Dirk und ich ROMEO UND JULIA gespielt, und im zweiten haben wir kurzerhand DAS WAR IHR LEBEN gemacht. Wir haben Bärbels Geburtstagsprogramm ein bißchen umgeschrieben und haben uns einfach jemanden aus dem Publikum geholt. Wir haben so getan, als wäre er unheimlich berühmt, und behauptet: »Das war Ihr Leben«.
Dicki war Karlheinz Hollmann, und Dada und ich haben die groteskesten Leute gegeben, die angeblich das Leben des Nobody geprägt haben. Das Publikum hat gebrüllt vor Lachen, und wir haben uns gefragt, warum wir das im LUNA nicht schon gemacht haben!

Wally Bockmayer hat uns dann in die FILMDOSE geholt, und im Rahmen der »Rosa Kulturwochen« sind wir zum ersten Mal printtechnisch besprochen worden, unter der Überschrift: »Gnadenlos albern«.
Ich zitiere aus dem KÖLNER STADTANZEIGER: »Irgendwo zwischen Kabarett und Büttenrede ist das Programm angesiedelt, das die

Die Stinkmäuse fotografiert von Klaus Aufdembrinke; Make-up: Oswin Schürmann

STINKMÄUSE bei den Rosa Kulturwochen in der FILMDOSE vorgestellt haben. Zur größten Gaudi ihres Publikums, das sich in dem winzigen Kneipensaal hatte zusammenpferchen lassen. Dabei sind die einzelnen Nummern noch nicht mal besonders originell... aber gealbert wird tatsächlich gnadenlos bei den STINKMÄUSEN, wobei allen drei Beteiligten, die sich im übrigen schon in vielfältiger Weise in der Kölner Subkultur hervorgetan haben, zugute kommt, daß sie sich selber um keinen Preis ernst nehmen wollen (...) Als Blödelei in kleinem Kreis war die Vorstellung gelungen. Ob das Programm allerdings auch schon einen größeren Rahmen verträgt, scheint vorläufig zweifelhaft.«

Heute wissen die Legende und wir, daß die STINKMÄUSE die FILMDOSEN-Bühne eingeweiht haben.
Bockmayer und Bührmann feiern Triumphe mit Stücken wie DIE GEIERWALLY, KAISERSCHMARRN, UNTERMIETER GESUCHT, SISSY, KLEOPATRA. Klamotten, die auf dem Konzept aufbauen, gnadenlos albern zu sein und sich auf keinen Fall ernst zu nehmen.

Dann kam Dirk in die Situation, daß er sich entscheiden mußte zwischen den Inszenierungen der Martina Bako und damit für eine ernsthafte Schauspielerkarriere oder für die STINKMÄUSE und damit die Comedy-Schiene.
Er hat sich für Martina Bako entschieden und mit ihr an seiner Schauspielerkarriere weitergearbeitet, ist uns aber zum Glück als genialer Komiker erhalten geblieben.
Die STINKMÄUSE gab es jedenfalls nicht mehr, und ich war auf mich alleine gestellt.

In den CHARADE-Zeiten habe ich Jutta Lußem kennengelernt (der wir auch dieses sehr schöne Buch zu verdanken haben).
Jutta Lußem war ein großer Fan von den STINKMÄUSEN, genau wie Klaus Aufdembrinke, ein befreundeter Fotograf, der leider viel zu früh gestorben ist. Klaus brachte Jutta auf die Idee, wie in Amerika eine Agentur für Überraschungen aufzuziehen: singing telegrams, Schornsteinfeger aus der Torte, Tarzan rezitiert ein Gedicht etc.

Damals rief Jutta mich ganz aufgeregt an: »Hella Hella Hella...«
(ich war ja eher die arbeitslose Schauspielerin, stand in der Kneipe,
kellnerte und wußte nicht, wohin mit mir), »ich habe einen Job für
dich, du kannst bei mir auftreten!« Wir haben uns getroffen, und sie
hat mir erzählt, was sie vorhat.
Die Idee war super: Agentur »Knallbonbon« – Party- und Über-
raschungsservice. Ich wußte auch sofort, was ich machen wollte. Bei
Kemperschen Familienfesten gab es immer einen Höhepunkt, dem
alle Gäste entgegenfieberten: »Minchen und Jettchen«.
Mein Vater hat zur goldenen Hochzeit seiner Eltern (Oma und Opa
Wette) erstmalig für zwei seiner Schwestern (er hatte 7 Schwestern
und 2 Brüder) Dialoge in Platt geschrieben, die meine Tanten dann
im Putzfrauen-Outfit vorgetragen haben – hier ein Ausschnitt:

Minchen und Jettchen

J. Häste jehoort, Minchen, in der Wette häntse jo en jrot Fest!
M. Dr Kejelklub?
J. Du mit dienem Kejelklub, do wor doch jar keine Rede van... ne Huchtied!
M. Ne Huchtied! Do henn ick jo noch jar nix van jehoort, ick dache, dr Kempersch Otto härr siene Frauüüü alle unger dr Haube?
J. Dat hätte ook – stell dik doch nich dümmer, aste büs – hei selver!
M. Wat hei selver? Där is doch noch verhierod!?
J. Also, Minchen, jetzt lott mick ens uutkallen, dr Kempersch Otto hätt juldene Huchtied!
M. Dat ist doch nich woor – dat Milli süüht doch noch irscht uut wie fuffzich!
J. Jo et Milli, owwer hei ist doch nich meh dr Jüngste, und jedenfalls sinnt se fuffzich Johr verhierod.
M. O Jodd, o Jodd!
J. Wat hitt hie: o Jodd, o Jodd, Du bruks enn doch nich te beduuren.
M. Werr säht die dann, datt ich enn beduurt henn? (...)
J. Nu lott dat geroddelse, vielleicht hört uns eener.
    Dann wuffe joen.

M. *Dann wuffen owwer ook noch Jlück wünschen!*
J. *Jo dat wör doch schön, wann se noch een Hoopen Johre tesamen blewen.*
M. *Dat machse woll sären – kum Suffe joen!*

Das war von Stunde an immer der Knaller jeder puckeligen Verwandtschafts-Party.
Ich habe zu Jutta gesagt, so was in der Richtung möchte ich auch gerne machen. Ich möchte eine Putzfrau sein, die so tut, als wäre sie beim Geburtstagskind oder beim Brautpaar angestellt, und dann aus dem Nähkästchen klatschen und tratschen.
Jutta hat mir dann ein pinkfarbenes Kopftuch, ausgelatschte Puschen, einen gelben Schrubber und einen roten Eimer besorgt. Ich für meinen Teil ging zu Woolworth und kaufte mir einen blauen Kittel. (Ein Schnäppchen! Von 12 Mark reduziert auf 10.) Die grüne Skiunterhose, die mir inzwischen in Fetzen am Leibe baumelt, wurde mittlerweile durch eine Garfield-Hose untermauert. (Hat Dada mir zu Weihnachten genäht.) Die Strümpfe, einer rot-weiß und einer blau-weiß geringelt, hatte ich noch in der Schublade von Ufi und den Unterrock von Hanne. Das war mein Outfit für die Putzfrau Schmitz und ist es bis zum heutigen Tage. (Wie war das mit dem Aberglauben?) Leider habe ich den gelben Schrubber mal irgendwo stehengelassen, hab's aber trotzdem weiter überstanden. Und dann hatte ich meinen ersten Auftritt. Ich war unter anderem die Putzfrau von Kaisers (Namen alle geändert!):

Juten Abend, juten Abend, entschuldijen Sie bitte die Störung, isch bin die Frau Schmitz, isch bin die Putzfrau von der Frau Kaiser. Isch bin jetzt seit etwa 2 Monaten im Kaiserschen Haushalt tätisch, höre vom ersten Tag an nischts andres, als Frau Kaisers lange Monologe über die phantastischen Leute, die sisch hier heute abend tummeln sollen . . . und isch wollte es mir doch nischt entjehn lassen, selber mal einen Blick auf diesen illustren Haufen zu werfen.

Also erst mal scheinen ja die Stützen des hiesigen Karnevals anwesend zu sein – das ist zum einen der Dr. Pille, der als Orthopäde dafür berühmt

Putzfrau Schmitz

ist, daß er zu Karneval keinen einzijen Stützverband mehr verschreibt, sondern nur noch Pappnasen... und zum anderen wollte sich heute abend noch 'ne janz außergewöhnliche Dame dieses Fest nischt entgehen lassen, das ist die Frau Moser, mit 88 Jahren die älteste Restauratorin der Bundesrepublik.

Meine Schäffin hat lange darüber nachjedacht, woran das liescht, daß die Frau Moser so dermaßen topfit ist – entweder es liescht daran, daß die Frau Moser von früh morjens bis abends arbeitet, um danach mit vielen jungen Leuten eine Orgie nach der anderen zu feiern, oder aber das Jeheimnis der ewijen Jugend liescht in den Rievkooche, die die Frau Moser wie keine zweite zubereiten kann.

Meine Meinung ist janz einfach die, daß die Frau Moser ihr langes Leben der Tatsache zu verdanken hat, daß sie konsequent alle Pilzkörbe ablehnt, die ihr mein Schäff, der Herr Kaiser, zukommen läßt – misch würde ja überhaupt mal interessieren, wie mein Schäff, der Herr Kaiser, aussieht; isch habe den nämlich noch nie zu Jesicht bekommen, so beschäftischt ist der, der ist ja nicht nur Frauenarzt – der ist ja auch noch Kleinjärtner, Schrottplatzbesucher, Klempner, Wasserballwart und Wasserballtrainer... Aber hauptsäschlich ist der aus der Familie der Pilzesammler. Es verjeht kein Mittwochnachmittag, an dem der Herr Kaiser nischt Ruppischteroth auf allen vieren durschforstet, um diverse Butterpilze, Steinpilze und den einen oder anderen Hallimasch in sein Körbchen zu rupfen. Wenn der im Anmarsch ist, verstecken sisch schon die ansässigen Bauern mit dem Ruf: »Der jecke Doktor kütt!«
Wenn die wüßten, was die Pilze hier in Köln schon so alles anjerischtet haben, würden die auch nur noch ausrufen: »Der jecke Killer kütt!« Eine Familie wäre ja beinahe erfolgreisch ausjerottet worden, das Familienoberhaupt ist zufällisch auch wohl der Schäff hier im Hause, Direktor Bongarts. Die Bongarts waren nach dem Pilzanschlag damals drei Tage krank. Die Lehrer Groß und Krüger hatten sisch schon seelisch darauf vorbereitet, das Direktorenpöstchen zu übernehmen. Als der Herr Bongarts aber dann wieder jesund auf der Matte stand, sinn die beiden vor lauter Frust erst mal in den Skiurlaub jefahren.

Jedenfalls brauch man dem Herrn Direktor Bongarts heutzutage bloß das Wort »Pilze« zuzurufen, um den minutenlang auszuschalten, dann krischt der so eine jrünliche Jesichtsfarbe, der Schweiß tritt ihm auf die Stirn, und er muß sich erst mal setzen. Hoffentlich spricht sisch das in der Schülerschaft nischt rum . . .

Über solche Ausbrüche können die Langers ja nur lachen! Langers sind nämlich absolut immun gegen giftige Pilze – Rechtsanwalt Langer hat das durch täschliches Jogging geschafft, und Frau Langer hat überhaupt keine Zeit, über eventuelle Vergiftungen nachzudenken; die hat genug damit zu tun, ihren Mann in dem Glauben zu bestärken, daß er die Hosen zu Hause anhat.

(. . .)

Und dann gibt es noch eine Dame, die vor giftigen Pilzen keine Angst hat – das ist Tante Gölli. Tante Gölli hat in ihrem Leben so oft neu anfangen müssen und hat dabei nie ihren Optimismus verloren, daß sie so ein Fliegenpilzchen auch nicht mehr aus der Fassung bringen kann.

(. . .)

So, und auf einen Mann freu isch misch ja schon den janzen Tag, das ist der Herr Jeder aus Düsseldorf – der soll ja aussehen wie Blake Carrington und dem auch charakterlisch in nischts nachstehen . . . Wie der vor 17 Jahren meinen Schäff und meine Schäffin total cool über die Jrenze jeschmuggelt hat – im Kofferraum seines Autos –, das hätte wohl kein Drehbuchautor spektakulärer inszenieren können! Also lieber Herr Jeder, Ihnen möschte isch persönlisch noch einmal für diese heldenhafte Tat danken, denn ohne Sie hätte isch heutzutage diesen lukrativen Putzjob nischt!!!

Ja, dann will isch misch jetzt mal auf die Socken machen, zu Hause wollen noch ein paar Pilze sauberjemacht werden, leev Frau Schäffin. Ihr habt nischt übertrieben – das ist ja wirklich 'ne tolle Combo, die sisch hier heute versammelt hat! Ihnen, liebe Schäffin, und Ihrem Jatten wünsche isch alles, alles Jute und vor allen Dingen Jesundheit, und bleiben Sie bitte, wie Sie sind!!
Tschö! Tschö!

Meine Reden wurden von Auftritt zu Auftritt immer perfekter. Es hing vor allem von den Informationen der Angehörigen ab.
Für den Job gab's 50 Mark, ich war jedesmal die Hölle aufgeregt: zu wildfremden Leuten in die Bud' zu kommen und über deren Leben plaudern, als wäre ich dabeigewesen, hat jedesmal viel innere Überwindung gekostet. Aber es hat sich immer gelohnt. Ich war jedesmal eine tolle Überraschung, und etliche Gäste waren irritiert, ob ich am End' nicht doch die echte Perle bin.

Jutta hatte übers »Knallbonbon« Kontakt zu Manfred Wolff. Er ist bei der Agentur Ahrens (Künstlervermittlung) beschäftigt, Manager der »3 Colonias« und überhaupt im Kölner Karneval zu Hause.
Manfred schenkte mich eines Tages Renate Fuchs, der bekannten Kölner Sängerin und Schauspielerin zum Geburtstag. Renate Fuchs war völlig aus dem Häuschen und hat immer nur gerufen: »Wer ist die Frau? Wer ist die Frau? Die muß in die Bütt!« Sie war fix und foxi über mich.
Monsieur Wolff hat mich dann noch einem Freund aus dem Karneval geschenkt, Heinz Lerch. Heinz Lerch wurde 50 und feierte irgendwo in Köln-Mülheim an einem Sonntagvormittag. Unter seinen Gästen waren 6 7 8 9 Karnevals-Präsidenten, die ausgesprochen verblüfft waren über meine Existenz. »Wer ist datt Mädchen? Warum ist die nicht in der Bütt?«
Der Kölner Karneval hat Probleme, gute Redner zu finden, und Frauen in der Bütt sind Mangelware.
Manfred Wolff nahm damals Jutta und mich zur Seite und erläuterte uns, daß Helli mit ihrer rhetorischen Begabung, ihrer Gestik und Mimik im Karneval eine große Karriere vor sich hätte: »Eine zweite Grete Fluß.« Als er dann weiter erzählte, daß es bei kleineren Sälen DM 250 und bei größeren DM 350 Gage pro Auftritt gäbe und ich als Spitzenkraft bis zu 100 Auftritten pro Saison machen könnte, hatte ich nur noch die Dollarzeichen in den Augen.

HELLI HAT DIE DOLLARZEICHEN
IN DEN AUGEN.

Ich habe mich mit meiner Freundin Marie Reiners hingesetzt (NachspannleserInnen bekannt als Autorin von ALLES NICHT ODER!? und WEIBER VON SINNEN) und mit ihr folgende Büttenrede geschrieben, die in einem dieser »Lachende-Bütt«-Heftchen leicht verändert abgedruckt und sogar im Hänneschen Theater unter der damaligen Leitung von Dr. Gerard Schmidt von einer Puppenspielerin aufgeführt wurde. Da sind Hanne und ich damals vor Stolz fast geplatzt, eine kleine Helli-Holzpüpp' im Hänneschen!

Putzfrau Schmitz
Büttenrede 1983/84
von Hella von Sinnen und Marie Reiners

»Guten Abend, guten Abend! Entschuldigen Sie bitte die Störung, aber ich wollte mal eben sehen, was das hier für eine Sache ist, wegen der mein Chef die letzten Tage so ein Theater gemacht hat. Der war nervös, der hat sich die Zahnpasta unter die Achseln gedrückt und sich mit dem Jebiß jekämmt.
Ich bin übrigens die Frau Schmitz. Ich bin die Putzfrau vom Herrn Assenmacher. Sie müssen meinen Aufzug entschuldigen, aber ich hatte leider keine Zeit mehr, mich umzuziehen. Ich hatte bis eben alle Hände voll zu tun, denn der Herr Assenmacher rührt im Haushalt ja keinen Finger. Der rührt keeeiiinen Finger! Als der vor 14 Tagen mal den Müll rausgetragen hat, haben wir alle jeweint vor Glück!
Das einzige, wo drum der sich penibel kümmert, sind seine Karnevalsorden. Die werden jeden Tag aus dem Safe geholt und so lange poliert, bis sie glänzen wie dem Rossa singe Pläät nach der verhinderten Volkszählung. Und was das dauert! Sie können sich nicht vorstellen, wie lange das dauert! Der hat ja mehr Orden als Köln Baustellen, und das will was heißen! Gegen dessen Brustgalerie war der Breschnew oben ohne! Ich sage immer: Wenn der Herr Assenmacher seine Orden nicht hätte, der käme sich vor wie eine Tanne nach dem sauren Regen!

Aber so hat jeder sein Steckenpferd. Meine letzte Chefin war Besitzerin einer Kleiderboutique in Köln-Ehrenfeld: die Frau Carla Lageracker.

Deren Lebensinhalt waren Partys. Die konnte Partys feiern! Da ging total die Post ab, da boxte der Papst. Dagegen ist eine Kokainparty bei Barbra Streisand so orgiastisch wie das Wort zum Sonntag.
Und was da für berühmte Leute waren! Ich habe einmal die Garderobe machen dürfen, als die Dame, die sonst die Garderobe machte, irgendwo in Cannes oder Nizza war, oder irgendwo da in der Ecke. Wissen Sie, ich sage immer, was soll ich an der Côte d'Azur. Ich habe Kot genug auf der Venloer Straße.
Also, wem ich diesen Abend alles die Klamotten abgenommen habe! Als ich dem ehemaligen Bundespräsidenten Carstens seine Wanderstiefel ausgezogen habe, sind dem Zobel von Iwan Rebroff sämtliche Haare ausgefallen. Der Iwan Rebroff mußte an dem Abend im Futter nach Hause gehen! Aber das war nicht so schlimm – der ist ja ganz gut im Futter.
Und dann kam noch ein Gast, an dem hatten wir überhaupt keine Freude. Das war der Julio Iglesias. Der kam mit solchen Rändern unter den Augen. Dem zitterten die Knie. Der pfiff aus dem letzten Loch! Jetzt frage ich Sie: Wundert Sie das? Der arme Kerl hat in den letzten fünfzehn Jahren jede Nacht eine Frau glücklich gemacht!
Ich glaube, der Jock von Dallas, der wär' zu Lebzeiten froh gewesen, wenn er so ein potentes Rindvieh gehabt hätte!

Nein, also, das waren echte gesellschaftliche Ereignisse. Allein die Vorbereitungen waren eine Zeremonie! Da hat die Frau Lageracker Stunden mit der Zubereitung neuer exotischer Speisen verbracht. Farblich natürlich passend zum Abendkleid: Die Sauce Hollandaise paßte zum Puder der Näse. Der Coq-au-vin paßte zum Rock aus Satin. Und trug sie mal Wolle, dann gab's 'ne Scholle!

Ich habe dann immer zugesehen, daß ich so jaaanz zufällig auch was in der Küche zu tun hatte. Wissen Sie, ich bin ja auch keine Kostverächterin. Ich sage immer: Ich bin keine Frau, die eine Pizza »Vierjahreszeiten« nach dem Frühling stehen läßt.
Obwohl, leisten könnte ich es mir ja eigentlich nicht. Aber ich kann essen, was ich will, ich nehme einfach nicht ab! Wenn ich das Wort »Fet(t)ischist« höre, habe ich schon ein Kilo drauf!

Aber zum Glück betreibe ich ja Sport. Ja, ich jogge. In meinem Treppenhaus – von Türspion zu Türspion. Ich bin der MAD des Hauses – der Mieter-Abhör-Dienst!

Da hielt sich meine Chefin durch ganz anderes Training fit: durch Möbelrücken! Das Sofa stand keine acht Tage an einer Stelle. Das hatte natürlich seine Nachteile für mich als Putzfrau. Da konnte ich nicht einmal eben was unter den Teppich kehren! Am nächsten Tag hatte die das ans Licht gebracht! Und für den Herrn Lageracker war der Tick von seiner Gattin eine echte Gefahrenquelle. Der ist nachts mal in angesäuseltem Zustand nach Hause gekommen, die Schuhe in der Hand, und wollte sich zu dem Platz schleichen, wo fünf Stunden vorher noch das Sofa gestanden hatte. Ist dann lang ins Aquarium hingeschlagen, hat dabei den Selbstauslöser der Stereoanlage eingedrückt, und während er die Goldfische ausspuckte, erscholl: Ein Schiff wird kommen!

Apropos Fische! Der Herr Lageracker mußte sich so manches Mal selbst versorgen, wenn seine Gattin mal wieder nach Paris oder Mailand gejettet war, um irgendwelche Kollektiönchen einzukaufen. Die hat dem dann immer einen Zettel hinterlassen: Dein Essen steht im Kochbuch auf Seite 163! An solch einem Tag, ich war gerade aus der Tür, kommt der Herr Lageracker an und sagt: »Frau Schmitz! Ich habe hier ein paar Würstchen. Wie muß ich die denn zubereiten?« Ich sage: »Herr Lagerakker! Die müssen Sie kochen, wie Ihre Frau Mutter Fisch gekocht hat.« Am nächsten Tag frag' ich ihn: »Na, wie hat das denn geklappt gestern mit den Würstchen?« Meint der: »Es hat ganz gut geklappt, aber viel ist ja nicht mehr dran, wenn man sie mal ausgenommen hat!«

Alles in allem war das eine schöne Zeit damals bei den Lagerackers. Aber ich war auch immer froh, wenn ich Feierabend hatte und in meiner Stammkneipe ein Bierchen trinken und dazu den Kölschen »Fixpress« lesen konnte. Also das fasziniert mich ja, wie die jede Nacht eine ganze Zeitung zusammenhudeln können!
Bei der Schnelligkeit muß man sich auch nicht wundern, wenn denen der ein oder andere Fauxpas unterläuft. Im Sommer schlage ich die Zeitung auf, auf Seite drei ganz groß: »Frau am Telefon vom Blitz erschlagen!«

Und direkt darunter die Anzeige der Deutschen Stromversorger: »Ja zum Strom« – »Ja zum Leben!«

Aber das führt jetzt alles zu weit. Herr Assenmacher, ich muß Sie noch mal anrufen, weil ich den Putztermin eventuell umverlegen muß. Ich will nämlich eine Butterfahrt machen. Butterfahrten sind ja mein ein und alles! Was man da geboten bekommt! Und die haben da immer ein Staraufgebot von Künstlern aus der ganzen Welt. Aus Deutschland und Holland!
Am besten hat es mir bis jetzt mit dem Heintje gefallen. Der singt jetzt übrigens nicht mehr »Mama, ich bau' dir ein Schloß«, der singt »Jammer, was bin ich jetzt groß«!
Und nächste Woche steht eine Schiffsfahrt mit Onkel Lou auf dem Programm. Die Reden von dem Lou van Burg haben zwar nicht besonders viel Tiefgang, dafür aber der Dampfer, wenn der draufsteht! Und das will ich mir natürlich nicht entgehen lassen!
Ich werde Sie dann also noch mal anrufen, obwohl ich Ihnen ja besser ein Telegramm schicken sollte. Sie können sich nicht vorstellen, was der Herr Assenmacher am Tag vertelefoniert! Der quasselt den ganzen Tag mit New York, mit Tina York, mit Mork vom Ork – das ist unglaublich! Ich habe gehört, der Schwarz-Schilling will dem jetzt den »Goldenen Achtminuten-Takt« überreichen – dann soll der mir aber bitte das »Goldene Besetztzeichen« mitbringen!
Wenn der Herr Assenmacher mal nicht am Telefonieren ist, dann hat er den automatischen Anrufbeantworter eingeschaltet! Das ist ja ein herrliches Dingen. Da hören Sie das ganze Jahr über die *zwei Worte, mit denen ich mich auch jetzt gerne verabschieden würde:*

Kölle! Alaaf!«

Die Premiere in der Börse beim Festkomitee war ein großer Erfolg. Die Leute sind gerast, und ich habe sehr gute Kritiken bekommen. Norbert Ramme schrieb für den KÖLNER STADTANZEIGER: »Der Nachwuchs an Büttenrednern ist weiterhin äußerst dünn gesät. Mit Heinz Friedsam als Buur aus dem Urlaubscenter und Hella von Sinnen als Putzfrau Schmitz wurden nur zwei Redner vorgestellt, von denen die 24jährige Schauspielerin vom KELLER-THEATER, die sich erstmals auf das karnevalistische Parkett wagte, schnell zum Publikumsliebling avancierte. In ihrer Typenrede, gespickt mit kabarettistischen Anklängen und treffend unterstützt durch Mimik und Gestik, zieht sie über kommunale und Bundespolitiker, Fernsehstars und Europas Königshäuser her, und auch die anwesende Karnevalsprominenz (...) wird Opfer ihrer Gags.« In der RUNDSCHAU stand: »Hella von Sinnen ließ als Putzfrau Schmitz aufhorchen... um diese zwei Redner rissen sich dann auch die Literaten.«

Stimmt. Ich hatte über 60 Auftritte in dieser Saison 1983/84, was für eine Elevin recht viel ist. Jutta hat mich von Auftritt zu Auftritt gefahren, und die Jecken haben unterschiedlich reagiert. Manchmal bekam ich Raketen, und manchmal wurde ich ausgepfiffen. Bei so einer Karnevalssitzung kommt es nicht nur darauf an, wie du drauf bist, sondern auch, *wann* du auftrittst. Die Leute werden ja von Stunde zu Stunde betrunkener. Die Sitzung geht um 19.30 Uhr los und dauert bis 1 Uhr. Wenn du erst um 23.30 Uhr auftrittst und vor dir Starkapellen wie »De Höhner« oder »Bläck Fööss« waren, dann redest du dir einen Wolf. Niemand möchte pointierte oder nuancierte Geschichten hören – Zoten sind gefragt. Je frauenfeindlicher, je lieber. Dann häufen sich auch die Rufe »Ausziehen, Ausziehen« oder »Geh nach Hause«.

Für mich als Schauspielerin – hart! Ganz hart! Ich, die gewohnt war, auf der Bühne die volle Aufmerksamkeit des Publikums zu haben, war manchmal ein nicht sonderlich beachteter Programmpunkt. Im Karneval spielen ja diverse Faktoren eine Rolle: zum Beispiel der Elferrat, der hinter dir auf der Bühne sitzt. Je nachdem, ob die Jungs sich unterhalten, Kartoffelsalat essen oder pissen gehen, wird das

Publikum unruhig, und du schmierst ab und kriegst die Konzentration der Leute nicht mehr auf die Inhalte der Rede gelenkt.

Parallel zu dem Ausflug in den Karneval spielte ich im THEATER DER KELLER. ORPHEUS von Cocteau.
Ich kellnerte (immer noch!) im VANILLE, und ein Kollege von mir, Jürgen Hirsch, war dort Regieassistent. Jochen Ulrich, Leiter des Tanzforums der Stadt Köln, inszenierte am KELLER gerne Stücke für Petra Sager, seine Gattin, und ORPHEUS stand an.
Jürgen Hirsch sagte zu mir, lies doch mal das Stück durch und kuck mal, ob dir da nicht 'ne Rolle gefällt. Dann sprichst du bei Jochen vor. Ich habe das Stück gelesen, und die Frauenrollen sagten mir alle nicht zu. Es gab *eine* Rolle in diesem Stück, die mir gefallen hat: die des Kommissars.

Der Kommissar tritt nur in den letzten 10 Minuten auf. Ich bin zu Jochen Ulrich zum Vorsprechtermin ins KELLER-THEATER gekommen und habe gesagt: »Es tut mir leid, die Frauenrollen sprechen mich nicht an, aber der Kommissar, der interessiert mich. Können Sie sich vorstellen, den auch als Frau zu besetzen?« Ich habe Jochen vorgespielt, vorgesprochen, wie ich mir die Rolle vorstelle, und er war total begeistert. Er sagte: »Wunderbar, das machen wir. Der Kommissar ist 'ne Kommissarin, du bist engagiert.« Für 20 Mark am Abend.
Kritiker Unger lobte bei der Premiere: »Blendend Hella von Sinnen. Sachlich. Voller Humor.«

Im Frühjahr '84 bahnte sich dann eine Fernseh-Karriere an. Das war so: Jutta war mit ihrem »Knallbonbon« beim WDR eingeladen im MONTAGSMARKT, den Petra Schürmann moderierte. Um ihre Agentur vorzustellen, hatte sie ihre Zugnummer mitgebracht, nämlich moi, die Putzfrau Schmitz. Wir hatten einen schönen Auftritt, und wenig später rief der Redakteur Jutta noch mal an, weil er Gesprächspartnerinnen für einen Moderatorinnentest suchte. Ich wurde also interviewt, und Jutta insistierte: »Hella möchte selber Moderatorin sein!«

Sie haben mich tatsächlich noch mal eingeladen und wollten es mit mir versuchen, als Nachfolgerin von Petra Schürmann. Damals schrieb am 19. April 1984 die BILD: »Superkarriere! Kölner Studentin moderiert MONTAGSMARKT.«

Ich sollte sechsmal moderieren, hatte aber grotskerweise keinen Vertrag. Co-Moderator war Günter Fink vom NDR, der lieber eine Assistentin gehabt hätte. Ich bin dann auch nach zweimaliger Moderation geschaßt worden, ohne Angabe von Gründen. Die Kurvertretung von Monika Paetow hat angerufen und mich gefeuert. Sie hat einfach gesagt, wir verzichten von nun an auf die Doppelmoderatorin! Schock!

Da stand ich dann im Sommer '84 wieder vor dem absoluten Nichts. Dem Karneval hatte ich ade gesagt. Die Fernsehkarriere war geplatzt. Ich stand also wieder in der Kneipe und war schwer am Kellnern und am Bierzapfen. Allerdings nicht mehr im VANILLE. Zwischendurch gab's beruflichen Kleckerkram. Ich hatte ja schon

Zum Glück gibt's kein Patent von Monika Funke-Stern (mit Ric Schachtebeck).

mit Ulrike Filgers »Ich sage immer, wenn meine Haare gemacht sind und ich ein Paar schöne Schuhe trage, bin ich vollständig angezogen« gedreht und über sie Monika Funke-Stern kennengelernt. Mit M. F. S. habe ich »Zum Glück gibt es kein Patent« in Berlin gedreht. Als Putzfrau Schmitz bin ich weiter aufgetreten und bekam Fernsehröllchen.

Im Kleinen Fernsehspiel hatte ich eine winzige Rolle – in dem Film DIE LIEBESFORSCHERIN von Annelie Runge, dann in der Produktion LICHTRÄUME UND SCHATTENBILDER, in der ich Henni Porten gegeben habe, außerdem war ich eine Krankenschwester in dem Film EIN VIRUS KENNT KEINE MORAL, von Rosa von Praunheim.

Immer nur ein Drehtag.

Zum Glück hat mir Hanne die Miete erlassen, sonst hätte ich verdammt alt ausgesehen. Absolut saure Gurkenzeit, bis auf die Nächte im COCONUT. Da kam Freude auf und Gage. Als Türsteherin, Barschlampe, Nikoläusin, Putzfrau, Animateuse.

Im Januar '86 hat es dann geklappt bei Dada und mir mit dem WWF SPRUNGBRETT-THEATER.

Wir hatten schon früh Kontakt zu Ingrid Jehn vom SPRUNGBRETT aufgenommen, waren Stinkmausauflösungstechnisch zurückgeworfen worden und sollten nun die Moderation machen, die aber dann Gabi Falk bekam. Wir haben also flugs mit Bernd Holzmüller drei kleine Sketche geschrieben – einen »Kurt-und-Paola-Felix-Sketch«, einen »Schwarzwaldklinik«-Sketch und einen »Putzfrauen-Sketch« – und sind im Januar-Programm '86 »Auf ein Neues« im SPRUNGBRETT aufgetreten. Das war nicht so ein großer Erfolg. Barbro Schuchard schrieb in der RUNDSCHAU irgendwas von *lahmen* Sketchen. Schade eigentlich.

Im Mai '86 hatte ich noch mal einen Gastauftritt im SPRUNGBRETT bei der Fernsehaufzeichnung. Dieter Woll hat die Moderation gemacht, und ich war die bildfüllende Barschlampe (für die Rolle brauchte ich nicht zu proben).

Parallel dazu haben wir den KAISERSCHMARRN geschrieben. Ralph Morgenstern, Dada Stievermann, Bernd Holzmüller und meine Wenigkeit. Bernd hat auch Regie gemacht, und Walter Bockmayer

KAISERSCHMARRN in der Filmdose: »Gigi l'Amoroso«

hat glücklicherweise zwei Wochen vor der Premiere noch mal Hand angelegt. Er hat auch den Namen KAISERSCHMARRN gefunden. (Wir wollten erst DIE ZOFEN von Jean Genet machen.)
Na ja. Im Juni '86 hatten wir Premiere. Marianne Kolarek hat im KÖLNER STADT ANZEIGER sehr schön formuliert: »Als Spezialität des Hauses darf man die eingestreuten Musiknummern im Playback-Verfahren bezeichnen. Sie alleine sind es schon wert, daß man sich den Schmarrn zu Gemüte führt. Um Erfolg braucht sich das phantasiebegabte Ensemble keine Sorgen zu machen. Diese Vermutung zumindest läßt der begeisterte Premierenbeifall zu.«
Als Nachfolgestück der GEIERWALLY hatten wir ein sehr schweres Erbe. Die GEIERWALLY war mit Dirk Bach, Ralph Morgenstern und Samy Orfgen über zwei Jahre ausverkauft gelaufen. Ein Riesenerfolg; wir hatten Probleme, daß die Fans uns auch akzeptierten. Aber es ist uns gelungen.
Im SPRUNGBRETT war es jetzt endlich soweit, daß Dada und ich die Moderation machen konnten, unter der Regie von Norbert Ahlich. Das war im September '86.

Sept./Okt. '86, (SPRUNGBRETT) TOUR DE CHANCE, Moderation mit Dada. Dada als H. J. Kulenkampff und moi als Martin Jente

Dieses Programm hieß TOUR DE CHANCE, und diesmal haben wir von Kolarek und Schuchard sehr gute Kritiken bekommen: »Mindestens ebenso ungewöhnlich wie erfreulich ist der ausnahmsweise gelungene Griff in die Entertainer-Kiste. Mit Hella von Sinnen und Dagmar Stievermann, den beiden Kölner Originalen aus der sogenannten Alternativ-Szene. Die Einlagen, mit denen das Duo die einzelnen Szenen verbindet, besitzen höheren Blödsinn und hintersinnigen Witz. Eine Rarität auf dem kargen Moderatorenmarkt.«

An dieser Stelle möchte ich gerne Ingrid Jehn danken für die tolle Zusammenarbeit. Die Arbeit mit ihr (und Alfred Bremm), Kollegen und Technikern im SPRUNGBRETT hat immer großen Spaß gemacht. Ingrid hat sich ja immer beschwert, daß es zu wenig Moderatorinnen gab. Aus der SPRUNGBRETT-Schmiede sind ja Ingolf Lück und Hape Kerkeling gehopst. Im Prinzip waren Dada Stievermann und ich damals schon die Moderatorinnen, die das deutsche Fernsehen gebraucht hätte, aber die Beamten haben nicht zugeschlagen. Sonderbarerweise hat uns niemand haben wollen. Tour de Chance verpaßt!

Inzwischen ist ja bekannt, daß es ein Fernseh-Publikum gibt, das unsere Art von Humor mag und nachvollziehen kann. Winnie Gahlen und Jochen Filser brauchten sich 1988 nicht lange überreden lassen, RTL sei Dank! Und Dada hat inzwischen auch bei WDR und SPRINGMAUS einen Job. Vergelt's Göttin.
Zuletzt haben wir '87 im SPRUNGBRETT dann noch bei einer Eigenproduktion mitgemacht: »Ohne Federlesen«. Helmut Seliger hat das Stück geschrieben, Bill Mockridge hat Regie geführt, und viele Kleinkunst-Stars aus Köln und Umgebung haben mitgespielt – Pelle Pershing, Jani Kremp, Wilfried Schmickler, die Musik- und Faxenproduktion, Steve Nobles, Marie-Lu Leisch, Justus Justen, Dirk Bach, Dada Stievermann und moi mal wieder. Das war ein schräges Stück über ein Jubiläum beim Taubenzüchterverein. Ich war »Petra vom Bökelberg« und habe zum Schluß den Hit von Hans Hartz gesungen: »Die weißen Tauben sind hundemüde«. Eine sehr schöne Zeit, wir erinnern uns gerne daran.

Mai '87: SPRUNGBRETT Petra vom Bökelberg – »Ohne Federlesen«. Die weiße Taube ist hundemüde.

Irgendwann zwischendurch habe ich Samy Orfgen mal 2 Tage im MILLOWITSCH-THEATER vertreten. In »Das Mädchen im Fahrstuhl«: Ich mußte unter anderem aufgeregt weinend auf die Bühne stürmen und rufen: »Gnädiger Herr, gnädiger Herr – ett is wat Fürchterliches passiert!«
Was sagt Willy Millowitsch zu mir? (Privat!) »Nicht so laut!« Das war mein Intermezzo im MILLOWITSCH-THEATER.
'87 habe ich auch »Ich« gedreht mit Bettina Flitner für die Filmhochschule Berlin. Dieser Film ist bei den Kurzfilmtagen in Oberhausen ausgezeichnet worden. Bettina ist eine außergewöhnlich schlaue und witzige Künstlerin. Im November '87 habe ich mit Dirk Bach und Franco Melis zusammen in der COMEDIA COLONIA Kindertheater gespielt: »Hannibal Sternschnuppe« von Angelika Bartram, die auch Regie gemacht hat. Das war auch ein großer Erfolg.
Nicht nur die Kinder waren begeistert. Wir mußten es auch im Abendprogramm für die Großen spielen und '88 wieder aufnehmen.

Kindertheater... in: »Hannibal Sternschnuppe« als Agneta Kometa

Wir sind mit dem Stück ein paarmal in anderen Städten gewesen, und das waren Übungen im Überleben. Morgens um 10.00 Uhr vor 400 schreienden, hellwachen Kindern verkatert Theater spielen... Du hast das Gefühl, die sitzen alle mit der Fernbedienung da und wollen auf ein anderes Programm umschalten.

Im Frühjahr '88 rief mich Monsieur Gahlen an, mit dem ich studiert hatte und der für RTL arbeitete. Bei RTL plus gab es das Konzept für eine Show mit Hugo Egon Balder: ALLES NICHTS, ODER!? Sie suchten jemanden, der mit Hugo zusammen die Moderation machen sollte. Ich habe mich erst bei Jochen Filser vorgestellt und dann bei Herrn Balder. Und sie wollten mich.
Am 5. 4. 1988 waren die ersten 2 Aufzeichnungen von ANO!? mit Diether Krebs und Elisabeth Volkmann. Der Rest ist Fernsehgeschichte.
Vor Hugo muß ich den Hut ziehen! Absolut professionell und uneitel, mich an seiner Seite groß werden zu lassen. Ich schätze ihn wirklich und habe ihn gern.

In STARLIGHT REVUE als Mae West

Im Mai '88 war ich noch mal mit Dada im Haus der SPRINGMAUS in Bonn. Wir haben unter Bill Mockridges Regie in der STARLIGHT REVUE mitgespielt: »Zwei Putzfrauen gehen auf Weltreise«.
Parallel zu der Sache in Bonn haben wir zusammen mit Aleksandra Davidovic und Marie Reiners ein weiteres Stück geschrieben: JETZT SCHLÄGT'S 13, über Parapsychologie, Séancen und Hellsehen. Marie und Aleksandra haben Regie gemacht, Dada, Hella Delfs, Veronique Ringuidé und ich haben es in der COMEDIA COLONIA 10 Tage im Sommer '88 gespielt.
Hierzu möchte ich nochmals Barbro Schuchard zitieren, weil's so schön ist: »Hat uns Trude Herr von den fernen Fidschi-Inseln mit einem neuen Stück reformierten Volkstheaters beglückt? Mitnichten. Hella von Sinnen ist es, die sich hier anschickt, mit Bravour in die Fußstapfen der großen Komikerin zu treten.«

Ich bin damals ein bißchen als Nachfolgerin von Trude Herr gefeiert worden, ein Image, das mir gar nicht liegt. Ich bin ich. Trude war Trude. Schade, daß sie nach ihrer Rückkehr die Medienlandschaft nicht mehr aufmischen konnte.

Es wird Zeit, daß ich wieder Theater spiele. Inzwischen bin ich wieder mit Dada und Ralph auf der FILMDOSENBÜHNE gelandet. Sonntags moderieren wir da abwechselnd die FILMDOSENSHOW, in der wir auch ab und an die Patenschaft für junge Künstler übernehmen.
Dirk Bach hat sein eigenes Solo, seine Show und ist ein erfolgreicher Schauspieler.
So sind wir »Eiligen 3 Faltigen« unseren Weg gegangen. Unsere Pfade kreuzen sich zum Glück immer wieder, und wir lieben es,

Mit Ralph und Dada während der FILMDOSENSHOW

wenn wir zusammen spielen können. Ansonsten besuchen wir uns tapfer abwechselnd auf den jeweiligen Premieren und liegen zusammen unter einem besonders großen Faß.

Ha! In dem Zusammenhang muß ich noch schnell über meine Kostüme sprechen bzw. schreiben! Seit zwei Jahren habe ich ja diese hervorragenden Kostümbildner, die mir Kostüme machen: Ralph Hartlieb, Anne Jendritzko, Silvia Bouké, und früher war noch Christina Burmeister dabei, jetzt Anne Lenz, die auch die Hannibal-Kostüme kreiert hat.
Was ich gerne erzählen möchte, ist, daß ich diese Kostüme liebe und wundervoll darin aussehe. Der Kollege und die Kolleginnen sind unglaublich talentiert und kreativ. Sie haben einen wundervollen Blick für mich und meinen es gut mit mir.
Es gibt nur eine kleine Krise: die Anprobe an sich. Ich muß zwei Anprobentermine vor jeder Show machen und bin fimschig! Helli-Propelli ist ja gebeutelt worden mit 3 4 5 6 7 8 9 10 von ihrer Mutter selig. Meine Mutter hieß nicht nur Schneider, sondern war auch aus der Familie der Schneiderinnen. Sie konnte traumhaft nähen, hat sich benäht und ihre Kinder. Mit Pelzen gearbeitet. Todschicke Garderoben entworfen, sah immer gut aus und hatte Spaß am individuellen Outfit und am persönlichen Stil.
Ich kann nicht nähen, wie ich auch nicht kochen kann, laufe aber nicht gerne nackt auf der Straße rum und esse gerne. Jedenfalls war ich als kleines Mädchen schwer genervt. Ich stand auf Jeans, Nickipullover und Lederhose. Das waren meine Lieblings-Bekleidungsstücke.

Bis zum heutigen Tag habe ich 3 bis 4 Sachen, die ich ständig anziehe: 2 Hosen mit Gummizug, zwei Westen (10 Jahre lang hatte ich nur eine Weste: Ranzi – jetzt ist Samti dazugekommen).
Dann besitze ich eine Lederjacke, eine Krügerjacke und eine Chamäleon-Jacke. Letztere hat Silvia Bouké genäht, ich kann verschiedene Kragen draufknöpfen. Mit diesem Outfit laufe ich tagein, tagaus durch die Welt. Ich bin nicht die Frau, die einkaufen

Dieses Outfit habe ich auch 2 Jahre getragen

geht und sich neue Sachen kauft. Ich habe Spaß an den Sachen, die ich mag, und trage sie so lange, bis sie mir in Fetzen vom Körper hängen.

So war ich schon als kleines Mädchen. Ich hatte meine Lieblingsjeans und meinen Lieblingspulli, mußte aber Woche für Woche bei Muttern auf dem Tisch stehen. Dann wurde abgemessen und abgesteckt, Kleidchen genäht und Mäntelchen, Anzüglein, Höschen und Röckchen, und ich mußte (ein wirklich ungeduldiges und temperamentvolles Kind) auf diesem Tisch kerzengerade Stunde um Stunde still stehen. Ich erinnere mich an diese Saum-Absprüh-Maschine mit so einer Pumpvorrichtung. Während ich mich um die eigene Achse drehte, wurde unten die Kreide rausgespuckt. Am End' stand ich ja nur 10 Minuten da, aber das waren immer 10 Minuten zuviel. Mutti nähte an mir rum und fand es einen Knaller, weil sie ihre Kinder gerne gut ausstaffiert sah.

Die Legende behauptet, Hartmut und ich wären die bestangezogensten Kinder in der Wiesenstraße gewesen.

»Ene Besuch em Zoo« mit Oma Köln, Mutti, Tante Annchen und Onkel Erwin. (Ich will mich über die Brüstung stürzen aufgrund meines Sonntagnachmittags-Ausgeh-Outfits.)

Wir sahen wirklich süß aus – ehrlich, nur für mich war es eben die Hölle. Die selbstgenähten Schmuckstücke zog ich nur sonntags an, und von daher war der Sonntag an sich auch die Hölle. Sonntag hieß: Goldschatz sein, kleine Pepitakleidchen tragen, Kamelhaarmäntelchen und so 'ne schwarze Samtkappe, weiße Strumpfhosen und schwarze Lackschühchen.

Es war die Hölle, und ich ging auch immer so, als hätte ich gerade in die Hosen gemacht. Breitbeinig mit schwerer Flunsch. Dafür war ich berühmt, und alle waren hart drauf, daß ich total moppig und schlechtgelaunt durch den Zoo latschte, da mich der Schritt kniff und ich mich in diesen Sachen so unwohl fühlte. Und wir gingen regelmäßig in den Zoo, den ich noch heute wie meine Westentasche kenne, trotz des neuen Aapenhauses, weil meine Oma und Opa Köln ja in Köln wohnten (wie der Name schon sagt).

Viele Doppel-8-Filme in Vaters Archiv dokumentieren es: Helli vor den dicken Seelöwen. Helli vorm Tigerkäfig, Helli vor den Flamingos. Trotz meiner Moppigkeit stellte sich bei einem dieser Besuche heraus, daß Pfiffigkeit eine meiner herausragenden Eigenschaften ist. Nach einem dieser Zooausflüge mußte Helli dringend Pipi. Auf dem Klo entspann sich folgender Dialog:

Helli: »Papa, die Schlangen im Zoo, die sind doch gebendlich, oder?« – »Hella, das heißt nicht gebendlich, das heißt lebendig. Kuck mir mal auf den Mund und sprich mir nach: le-ben-dig.«

Helli: »Lebendig.« Ich strullte so für mich hin... »Papa, die Schlangen im Zoo, die sind doch gebendlich?« – »Hella, das heißt nicht gebendlich, das heißt lebendig, sprich mir mal nach: le-ben-dig!« Helli: »Lebendig.« Das Geschäftchen war verrichtet... Hose hoch – Helli: »Papa, die Schlangen im Zoo, die sind doch nicht tot?«

Mein Bruder Hattu war das Gegenteil von mir, der hat sich immer riesig gefreut, wenn meine Mutter ihm Hosen und Hemden und Pullover gekauft und ihn benäht hat, weil sie beide denselben Geschmack hatten. Einen guten.

Meine Mutter hatte einen sehr guten Geschmack und einen hohen Qualitätsanspruch. Mit mir war es immer »Perlen vor die Säue«, weil ich nur in meinen alten Sachen rumtoben und auf keinen Fall was

OUTFIT UND GESINNUNGS
METAMORPHOSEN ...

Neues haben wollte, und schon gar nichts, was eng war und hart und steif und kratzte – eben noch nicht eingeliebt. Das ist dasselbe wie mit den Petzibären. Die Sachen müssen ein bißchen speckig sein, eine Geschichte haben. Lange Jahre habe ich getragen: den berühmten Nickipullover, ein blau-weißes Ringelhemd Marke »Festartikel Schmitt«, ein Jimi-Hendrix-T-Shirt.

Nach dem Abi trug ich jahrelang eine blaue und weiße Latzhose, kombiniert mit 3 Männerhemden (weiß-grün-blau) von meinem Lieblingslastwagenfahrer Köbes (Jakob Hayden), dann 'ne ganze Weile zwei Anzüge von meinem Herrn Vater aus den 60er Jahren, Pumphosen und Jacketts, wobei die »Sticker« auf dem Revers besonders wichtig waren. »T-Bone-Steaks« aus der Spielwarenabteilung von »Harrods«, Püppchenreihen und Topfreiniger, Pistolen, Buttons und Postkarten.

Die letzten Jahre trage ich die Gummizughose an sich mit Ranzi, einer Lederweste, von Gino geschneidert. Ranzi trage ich noch ab und zu, aber ehrlich gesagt, ist der Schmand ab. Jetzt hat mir Anne Jendritzko Samti genäht. Das ist das Schöne, daß sich meine

wunderbaren Kostümbildner um meine private Garderobe sorgen. Anne näht mir Westen. Ich liebe die Weste an sich. Unter diesen Westen trage ich Reste von T-Shirts. Ralph Hartlieb näht mir die Gummizughosen. Socken, Boxer-Shorts und ewig gleiche schwarze Slipper werden gekauft.

Ich denke oft an meine Mutter, die sehr viel Freude an den Show-Kostümen gehabt hätte. Sie hätte mit Ralph, Anne und Silvia nach den Sendungen noch Stunden am Biertisch gesessen und Schnittmuster ausgetauscht.

Jedesmal, wenn ich bei den Anproben still stehen muß und die Sachen an mir festgepiekst werden, denke ich an Hanne. Ich merke, wie diese kindliche Ungeduld von vor über 20 Jahren wieder in mir hochkriecht, und ich möchte raus... spielen. Oder fernsehn. Jedenfalls nicht da stehen und gepitscht werden.

Kapitel 12

Ich kann essen, was ich will – ich nehme einfach nicht ab!

Als Kind war ich eine Nöli-Fimsch-Esserin. Erst mit 14 15 16 17 fing ich an und aß gerne Kartoffeln, Gemüse und Fleisch, aber bis dahin habe ich mich von Pulla und Pudding ernährt.
Ich war also eine hysterische Esserin und konnte auf Kommando kotzen, war so 'ne richtige kleine Stinkmaus, die viele Dinge nicht mochte und dann dasaß und endlos meckerte, dies mag ich nicht, das mag ich nicht; und wenn dann kam: »Es wird gegessen, was auf den Tisch kommt«, habe ich gespuckt. Noch bis ins hohe Alter.
Meine Mutter erzählte immer gerne, wie ich beim Abendessen hysterisch angefangen habe zu würgen und zu spucken, worauf sich meine Eltern fürchterlich gestritten haben. Das war eben auch ein klasse Anlaß. Mein Vater machte meiner Mutter Vorwürfe, sie würde falsch kochen: »Du nimmst das falsche Öl oder Fett oder...«, weil seine kleine Tochter beim Abendessen immer kotzen mußte.

Eines Abends war meine Mutter kegeln, und mein Vater sorgte fürs Abendbrot. Brachte Hattu und moi dann ins Bett. Nach dem Abendessen – ich hatte wieder klasse gespeit – gingen mein Bruder und ich die Treppe hoch. Mein Vater hinter uns her, und so hörte er, wie ich zu meinem Bruder sagte: »Na, Hartmut, wie hab' ich das wieder gemacht?«
An dem Abend war dann Feierabend, ich habe, glaube ich, sogar Schläge bekommen, und als meine Mutter nach Hause kam – mein Vater war extra wach geblieben –, hat er sich offiziell bei ihr

entschuldigt und ihr gesagt, daß sie eine ziemliche Stinkmaus geboren hat.
Lust-Essen hat bei mir irgendwann mal mit Papa und Tante Hilde in Holland angefangen: Omelettes mit Marmelade. Die hab' ich nur aus einem einzigen Grund gegessen, weil auf ihnen so klasse Figürchen aus bunten, gedrehten Pfeifenreinigern saßen. Am Ende des Urlaubs hatte ich dann 'ne Handvoll Schornsteinfeger, Störche und Schweinchen im Pfeifenreiniger-Styling und war begeistert.

Obwohl ich »gut erzogen« bin, habe ich keine Ahnung von Tischsitten. Kniggetechnisch bin ich nicht so richtig fit. Wenn ich ein Essen mit 60 Gabeln, 40 Messern und 15 Gläsern sehe, kriege ich eine schwere Krise.
Und dann diese Weintesterei. Dieses ganz affige Bouquet-Geschnupper-Schlückchen-im-Mund-rumdreh-Schmatz-Theater schnarcht mich so was von an. Ich hasse es auch wie die Pest, wenn die Feuerzeuge nach mir schnellen ... schnapp ... und ich gezwungen bin, Feuer zu nehmen (obwohl ich am End' noch 9 Sekunden gewartet hätte mit der Zündung – Timingtechnisch). Dann kriege ich *so* 'nen Hals!
Und meine Mäntel und Jacken ziehe ich auch lieber alleine an. In der Regel mit ziemlich viel Effet, so daß ich diverse Gläser von den umliegenden Tischen räume.

Heutzutage esse ich ausgesprochen tapfer. Eigentlich alles und gerne und viel. Am liebsten esse ich abends, natürlich, da ist es ja besonders lecker. Im Bett. Vorm Fernseher. Da, wo man bei Gott (bzw. bei BRIGITTE) nicht essen sollte. Ich liege bäuchlings im Bett, schiebe mir eine Pizza oder Gyros oder Bütterchen rein, snappe mich durch die TV-Kanäle und blättere in Fernsehzeitschriften, Illustrierten und Mickey-Mouse-Heften.

Meine Liebe zu Comics resultiert erst mal daraus, daß ich gerne bunte Bildchen und Sprechblasen habe. Zudem bin ich aus der Familie der Cineastinnen, und Comics sind ja letztendlich wie ein Film-Story-Board.

Abgesehen davon, machen mir alle Dinge Spaß, die mich an meine Kindheit erinnern oder an die spaßbringenden Momente dieser Kindheit. Diese ganzen kindlichen Genüsse... Schokoriegel, Softeis, Pommes, Kirmes, Zeichentrickfilme, Spaßbäder, Geschenke, Geburtstag, Ostern, Weihnachten... wunderbar! Dazu gehören auch Comics.

Als Kind waren Comics zudem sekundärer Krankheitsgewinn. Wenn ich krank im Bett lag, gab es Fix und Foxi, Mickymäuschen oder ein Superman-Heft, und alles drehte sich um mich. Das habe ich heute noch gerne!

Gebt mir sekundären Krankheitsgewinn!

Ich kann nicht kochen. Ich habe mich nie dafür interessiert, obwohl ich oft in der Küche dabeigesessen habe. Küchen sind schweinegemütlich und kommunikativ. Ich mag's, wenn Freunde mich bekochen, wobei ich dann die Küchenhilfe gebe. Ich putze, schäle und schnibbele, decke den Tisch und spüle.
Apropos Essen! Sie geben mir ein Stichwort, und ich assoziiere speichelspontan. Ich liebe das Assoziieren!

Wein
Warum nicht. Rotweinflecken gehen mit Salz raus, und Weißwein trinke ich mit Mineralwasser.

Sekt/Schampus
Am liebsten mit O-Saft.

Bier
Bier muß vor allen Dingen kalt sein, dann schmeckt mir persönlich das puddeligste Bier, und ich trinke es fröhlich seit meinem 12. 13. 14. 15. Lebensjahr. Früher, in der Alternative (unserem Gummersbacher Jugendzentrum), habe ich mir am Abend 4 Flaschen Bier reingeknallt und bin dann ziemlich breit auf Paul nach Hause gebrettert. (Heute rühre ich mit Alkohol im Blut kein Steuer an.) Während meines Studiums habe ich Nächte durchgesoffen und saß um 10 schon wieder quietschvergnügt und fröhlich in einem Seminar. Jetzt, im Alter, bin ich sterbenskrank, wenn ich einen Kater habe. Lieber würde ich ohne Kater trinken. Allerdings kann der Katertag an sich ein sehr schöner Tag sein. Ich habe dann den definitiven Vorsprung – Nase, Geschmacksnerven, Ohren: alle superempfindlich. Wenn ich gut drauf bin, kann es positiv sein; und wenn ich schlecht drauf bin, kann es auch nach hinten losgehen. Dann bin ich gereizter, ungeduldiger und noch schneller angeschnarcht.
Wenn ich aber einen entspannten, relaxten Tag habe und mit Freunden angenehme Dinge machen kann, dann lache ich mehr und bin albern, weil noch der Restalkohol im Blut ist. Ohne die ätzende Lähmung des Suffs.

Wenn man nachts um 3 Uhr britzebreit ist, ist es ja in der Regel nur noch peinlich, man wird sentimental und langweilt die Leute mit Anekdötchen, zum 40. Mal erzählt.
Für mich sind diese Katertage erlesene Freßtage. Da gibt sich die Salatgurke mit der Nougat-Schokolade die Hand ... von süß nach salzig, nach sauer, nach süß, nach sauer, nach salzig. Die einzige Rettung: Zähne putzen. Hilft für circa 40 Minuten.

Fernet Branca
Bei Völlegefühl die beste Medizin.

Alkoholfreie Getränke
Mindestens 2 Liter Wasser täglich. Cola auf keinen Fall light, Fanta light ist erstaunlich lecker, und Sprite light ist nie im Regal. Aber prinzipiell hasse ich Süßstoff. Es muß schon Zucker sein.

Kaffee
Selten. Außer bei Renate Kemper in Gummersbach, einmal im Monat Sonntag nachmittags.

Milch
Ich trinke gerne Vollmilch mit und ohne Nesquick.

Tee
Tee ist mein Liebstes – Earl Grey mit Vollmilch und Zucker.

Nutella
Hmmh, wie lecker. Aber nur da, wo Nutella draufsteht, ist auch Nutella drin!

Mars
In meiner Jugend habe ich keinen Schlaf darüber gefunden, wenn Gerd Müller abends in der Werbung appetitlich in einen Mars-Riegel gebissen hat. Dann zog es mich am nächsten Tag zu Gertraut Störmann, der Besitzerin des Kiosks an der Schule, und dann wurde Taschengeld gegen Mars getauscht. Was mich dabei aber fertiggemacht hat und mich auch heute noch fertigmacht, ist, wenn sie in der Werbung mit einem Ratsch das Papier aufreißen (wie mit einem Messer abgetrennt), optimal zum Reinbeißen und die Finger blei-

ben sauber. Im wahren Leben funktioniert das nicht. Das sind so diese ästhetischen Tricks, mit denen sie's einem verklickern; aber es klappt nicht. (Die Verpackung an sich strengt mich überhaupt sehr an – ich sage nur: Verpackungsmüll. Was ich täglich an Müll runtertragen muß, ist die Hölle.)
Jedenfalls hat es mit dieser Mars-Verpackung nie so geklappt, wie Gerd Müller sich das aufgerissen hat. Ich habe das geübt, ich hab's geübt – täglich, nächtlich –, es hat nicht geklappt. Dafür habe ich aber eine spezielle Art entwickelt, den Mars-Riegel zu essen. Es ist besonders lecker, wenn man erst die Schokolade außen rum abknabbert und dann nur noch die Milky-Way-Version mit Karamel hat. Dann reinbeißen, so daß es einem die Zehennägel hochrollt (so süß ist es), und klasse matschig. Da ist mein Süßdrogen-Zentrum voll getroffen.

Pudding
Auf Schoko- und Nillepudding steh' ich wie 'ne Eins. Überhaupt: alles, was pampig ist und breiig und süß. Aber ich lasse jeden Pudding stehen für ein Töpfchen Vanillesoße.

Eis
Bei Truhen-Eis hat Langnese die Nase vorn. Ich esse gerne Happen, Nogger und Domino. Beim Domino ist es ganz wichtig, zuerst die Schokolade abzuknurpseln, dann das Vanillestück oben. Inzwischen ist das Eis unten so geschmolzen, daß man es kreisförmig abschlecken kann. Dabei ist es relevant, daß man die Waffel weich lutscht. Hart schmeckt sie staubig und trocken, wenn man aber lange genug rumgelutscht hat, ist sie eine Delikatesse, die Domino-Waffel an sich.
Ansonsten wird Eis beim Italiener gekauft. Schoko, Zitrone, Pistazie und Erdbeer.

Nudeln
Nicht so gerne. Wenn, dann Lasagne oder Tortellini alla panna. Aber bitte kein pesto und vor allem keine Nudeln mit Fisch. Würg.

Hamburger
Och joh. Schon. Bei McDonald's bitte ohne die umme Gurke.

Schnitzel
Beim Obermußbacher sind's fei schon lecker.

Pfannekuchen
Ich liebe Pfannekuchen! Am liebsten mit Erdbeermarmelade.

Mit
Butter, Salz und **Knoblauch**
schmeckt definitiv *alles!*

Noisette von Milka
Au ja!

Kindermilchschnitte
Da macht die Konsistenz besonderen Spaß.

Weingummi
Besonders die grünen und die weißen.

Mozzarella
Natürlich mit Basilikum und Essig und Öl und Salz und Pfeffer und Tomaten (wenn sie tomatig schmecken).

Kartoffeln
In jeglichem Aggregatzustand.

Obst
Kirschen, Himbeeren, Stachelbeeren und Johannisbeeren inspirieren mich nicht besonders.

Reibekuchen
Bitte *nicht* mit Lachs. Überhaupt: Lachs und Mortadella so hauchdünn, daß ich mein Horoskop durchlesen kann.

Aufschnitt
mag ich auch gerne. Am liebsten Fleischwurst (warum kriegen nur die Bälger eine Scheibe beim Metzger?! Helli auch!!) und Cervelatwurst. Salami in allen Variationen und Leberwurst und gekochter Schinken und Bierwurst (klar). Wenn Sülze, dann Pute.

Leberkäse
Gerne mit Spiegelei und Senf.

5-Minuten-Terrinen von Maggi.
'Ne tolle Idee, vor allem der Vorname des Rehs (Kartoffelpü) mit Klößchen.

Spießbraten
Die Krönung jedes 3. September.

Bananen
Da gefällt mir vor allem die Farbe und das Schälen.

Erdbeeren
Das gefällt mir die Farbe und das Essen.

Frikadellen mit Rotkohl. Sauerbraten, Gulasch, Pellkartoffeln mit Stipp, Rouladen, Grünkohl mit Mettwurst, Sauerkraut, Erbsensuppe, Linseneintopf – mit der deftigen deutschen Küche an sich kannst du mich erfreuen. Danke, Gummersbach! Danke, Paula!

Käsematschkuchen
Eine Spezialität von Renate Kemper.

Pina Colada
Im Baur Grünwald in Venedig.

Fish and Chips
Hoffentlich bald wieder in London.

Kuchen
Siehe Kaffee.

Fritten
Das Herzstück von Fritten FC ist definitiv die erste Fritte mit Mayonnaise und die letzten 4, aufgeweicht in der Currysauce. Fritten und Currywurst darf man auf keinen Fall mit einer Metall- oder Silbergabel essen. Es muß dieser kleine Plastikpiekser sein, sonst wird mein Gourmesse-Zentrum nicht getroffen.

Gyros
Bitte mit Tsatsiki und der großen Plastikgabel.

Pizza Tonno
Den Teig bitte hell. Mal mit, mal ohne Zwiebeln, aber definitiv mit Knoblauch. Süchtig bin ich nach der »Toscana« aus dem BAJAZZO.

Äpfel
Ich aß gerne Äpfel. Inzwischen wackeln meine Zähne, und ich habe Angst, in einen Apfel zu beißen. Aber *wenn* ich einen Apfel esse, dann einen Granny. Dann beiße ich zuerst mitten rein und esse einmal... rum rum rum rum..., so daß der Apfel genauso aussieht wie in Comics. Dann esse ich den unteren Teil des Apfels, die entgegengesetzte Seite vom Stiel, dann das Kerngehäuse mit einem Haps... schrapp schrapp schrapp – knurpsel knurpsel knurpsel... und dann das Herzstück des Apfels um den Stiel herum. Dazu nehme ich den Stiel zwischen Daumen und Zeigefinger und beiße noch dreimal zu. Auf dem Apfelstiel selber kaue ich gerne noch 10 bis 15 Minuten rum, bevor ich ihn dann entnervt wegspucke.

ANLEITUNG ZUM APFELESSEN

I. DER APFEL AN SICH. HMMH. WIE LECKER.

II. PHASE [A]

"SCHRAPP SCHRAPP SCHRAPP!" EINMAL RUM RUM RUM.

III. PHASE [B]

DER UNTERE TEIL - 3x "HAPPS!"

IV. PHASE [C]

DAS GEHÄUSE: "KNURSPEL, KNURSPEL", WEG IST ES.

V. [D] WIE: DER STIEL.
DANKE FÜR'S GESPRÄCH.

Würstchen
Ich liebe die Currywurst an sich! Brat- und Brühwürste verehre ich auch, aber bitte mit scharfem Senf! Ohne Senf – keine Wurst. Schade, daß ich Weißwürste nicht mag – BAVARIA wende Dich nicht von mir ab. Schließlich liebe ich **Schweinshaxe mit Knödeln** und viel, viel Soße.

Überhaupt, **Soßen** bringen's total.

Das **Ei** an sich (bitte von freilaufenden Hühnern). Ich bin die Prinzessin des Frühstückseis. Das pointierte Frühstücksei, das Fünf-Minuten-Ei, bei dem das Gelbe weich ist und das Weiße hart – das gelingt mir! Im Gegensatz zur Hotelküchencrew. Ich liebe Eier! Spiegeleier mit und ohne Schinken, Rühreier mit und ohne Schnittlauch, weiche Eier im und ohne Glas. Harte Eier mit und ohne Färbung – ich liebe Ostern!

Wienerwald
Wenn ich es schaffe, Geflügelgefängnisse zu verdrängen, und nicht hinkucke, wie das Personal die Spieße durch die Hühnerföttchen jagt, liebe ich es, im WIENERWALD halbe Hähnchen zu essen, weil ich gerne mit den Fingern esse. Das Fett läuft dir in den Ärmel, und du knurpselst an so 'nem Knöchelchen rum, das ist wunder-, wunderschön. Außerdem gibt es im WIENERWALD Topfen-Palatschinken... Hmh, wie lecker.

Kleine Kusine
Das feine Restaurant an sich ruft bei mir schwere Krisen hervor. Nicht nur portionsmäßig, wo ich die silberne Käseglocke lüpfe und enttäuscht Steve-Martintechnisch über den 3 Böhnchen stöhne: »Ich glaub', ich hab' schon gegessen!«

Vor allem auch die aufgesetzten Formulierungen der Menükarten lassen mich um Jahre altern.

WENN ICH SCHON LESE –
Auberginenschaumsüppchen mit Hammerhaiklößchen und lupenreinen Rhabarberperlen.
Röschen von zweierlei geräuchertem Babysaibling hart an ätherischem Petersilienstipp vorbeigeschossen mit Zedernnadeldekor.
Pochierte Rehnüßchen im Kiwibett unter Trüffelcarrées mit fröhlich ausgelassenem Reiskörbchen.
Gespickte Rotbarbenschleifen im Dialog mit Kugelfischquappen tummelnd auf fragiler Pomperanzensoße mit Variationen von Ingwerschupfnudeln oder Rösti-Talern im Gesamtwert von 79 Mark 80 neben Hummerschwanzcrevettennadeln gebeizt.

Auf Wunsch
Für Sie am Tisch zubereitet
und
unterm Tisch serviert

Passionsfrüchtchen im Pfirsichmantel unter Papaja-Mango-Splittern, gekrönt durch ziegenmilchgetränkte ostsüdostandalusische Pinienkerne mit feinen Ornamenten versehen.
– BIN ICH HUNDEMÜDE UND WILL SOFORT AN DIE NÄCHSTE FRITTENBUD'!!!

Chinesisch

Am liebsten scharf, mit Stäbchen und zum Frühstück, aber ohne Reis.
Möchte jemand mit mir darüber sprechen, daß der Chinese an sich *jedes* Gericht in 3 Sekunden servieren kann, daß die Rechnung immer 43 Mark 60 beträgt und er's mit Desserts nicht so hat?

Fisch

Fischstäbchen sind lecker! Aber der Fischmac von McDonald's ist es nicht! Nach jedem Fischmac habe ich eine schwere Depression. Dann schon lieber NORDSEE. Und Forelle Müllerin in der Wiesenstraße. Und Heringssalat. Und Backfisch.

Salat

Ich ernähre mich überhaupt nicht gerne gesund, und trotzdem bin ich immer wieder fasziniert, wie gut ein Salat mit einer guten Soße und frischen Kräutern schmecken kann. Leider schmecken die Tomaten heutzutage nicht mehr so, wie sie mal schmeckten, außer in der LINDE 81.
Aber ich mag Mais und Gurken und Oliven und Thunfisch und Zwiebeln und Ei – also mag ich auch Salat. Am liebsten mit Schafskäse.

Was ich *überhaupt* nicht mag:
– blutiges Fleisch (Steak)
– Zunge
– Panasch oder so ähnlich (»Pfannenarsch« oder so, ein Gericht im Oberbergischen – ich glaube, das ist gebackenes Blut), das ist die Hölle
– Stracciatella-Eis
– Yogurette
– Brombeeren
– Orangenmarmelade
– Endiviensalat
– Austern
– Knickebein
– gelbe Gummibärchen
– Schimmelkäse
– Zartbitterschokolade
– Reis
– Forelle blau
– Whiskey
– Wild
– Nüsse

Diäten

Außer der Dattel-Diät (du darfst alles essen, außer Datteln) habe ich in meinem Leben noch keine Diät probiert. Ich habe die Erfahrung gemacht, daß du, sobald du dich mit dem Essen einschränken willst, einen besonderen Jieper darauf kriegst. Die Gedanken und die Konzentration kreisen nur um die Selbstkasteiung und ums Essen. Über dieses »Ich darf nicht« bist du verspannt und kannst nicht mehr soviel Energie für andere Sachen aufbringen. Ich bin eine Feindin der Lustbeschneidung, eine Feindin von Verboten schlechthin. Wenn Frauen den ganzen Tag darüber nachdenken müssen, ob sie 30 Gramm oder 70 Gramm Krabbensalat zu sich nehmen dürfen, werden sie von wichtigen Dingen des Lebens abgelenkt! Das finde ich besonders traurig, tragisch, fürchterlich. Frauenzeitschriften unterstützen diesen Frauenterror, indem sie Herbst-, Sommer-, Frühlings-, Winter- und ich weiß nicht was für Diäten »empfehlen«. Ich wiege 90 Kilo. Das ist für mich die Grenze. Ich möchte nicht gerne 100 Kilo wiegen. Meine Knochen sind nun mal sehr zart, und wenn ich stehe und ich kann meine Füße nicht sehen – schade eigentlich. Jetzt fühle ich mich sexy und kräftig und finde das in Ordnung. Es ist ja alles relativ. Wenn Frauen, die 60 Kilo wiegen bei einer Größe von 1,70 m, verspannt in ihren angeblichen Fettpölsterchen rumstochern und sagen: »Ich muß abnehmen«, dann bin ich sehr, sehr müde. Aber Tag für Tag beutelt uns die Werbung mit Zombie-Schönheitsidealen – schlank, hübsch, groß; das zermürbt. Es gab ja mal andere Ideale – ich sage nur Rubens. Damals fanden es die Menschen schön, wenn Frauen ein ausladendes Becken und üppige Brüste und eine weiße Haut hatten. In den 60er Jahren gab es dann die Twiggy-Nummer, in den 70ern Brigitte Bardot und Silicon, in den 80ern Jane Fonda, Aerobics, Jogging, und Bodybuilding und Eßstörungen, und in den 90ern gibt es zum Glück Marianne Sägebrecht, Lotti Huber und mich.

Ich liebe dicke Frauen und dünne Frauen, große und kleine, aber es ist doch leckerer, wenn an einer was dran ist. Das ganz Magere, Hagere und Asketische ist mir suspekt.

In dem Zusammenhang kann ich Schönheitsoperationen übrigens nicht so recht nachvollziehen. Ich finde die Errungenschaften auf dem Gebiet der plastischen Chirurgie bemerkenswert, und es ist natürlich toll, wie Unfallopfern geholfen werden kann – aber sich die Nase wegschnippeln lassen aus ästhetischen Gründen? Ich liebe Nasen! Je größer, je besser.

Fürs WEIBERMAGAZIN haben wir einen Bericht über eine »Schönheitsklinik« in Düsseldorf gedreht. Ich habe ausschließlich mit Frauen gesprochen, die vorher einen makellosen Busen hatten, der ihnen jedoch »zu klein« war. Der Druck kam auch nicht von ihren Partnern zu Hause – die Jungs konnten gar nicht nachvollziehen, daß ihre Liebsten sich den Gefahren einer Operation mit Vollnarkose aussetzen wollten. Ich auch nicht!

Ich habe schon im LIEBESBAROMETER zu Desirée Nosbusch gesagt: Ich habe auch ungleiche Titten – wie alle Frauen –, habe Orangenhaut und Fältchen unter den Augen. Aber das bin *ich* doch. Mein Leben hat Spuren hinterlassen. *Meine* Spuren.

Ich liebe mich. Mein Körper ist mein bester Freund. Ich gebe ihm jeden Tag zu essen und zu trinken. Wenn ich jemanden zu Hause sitzen hätte, der an mir rummäkeln würde: Du bist zu dick, zu faltig, zu ... ich weiß nicht was, dann muß ich mich nicht operieren lassen oder mich mit Diäten quälen – dann muß ich mir jemanden suchen, der mich lecker findet.

Die natürliche Gewichtsreduktion ist Arbeit und Sex; dabei verdampft bei mir schon mal die eine oder andere Kalorie. Puff.

So, und jetzt höre ich auch auf mit der Kaminerzählerei; spätestens in 30 Jahren gibt's das nächste Buch. Bis dahin müßt Ihr mit den Zeitungsberichten über mich vorliebnehmen.

Kapitel 13

In den Zeitungen von gestern wird der Fisch eingewickelt

Ich bin:
attraktiv, amüsant, ätzend, angenehm, aufgekratzt, arrogant;
berüchtigt, bequem, bewußt, bestimmt, blödsinnig, bissig, beliebt, bunt, besinnlich, begeisternd, böse, eine blonde Beamtentochter;
clownesk, chronisch optimistisch, charismatisch, cholerisch;
dominant, deftig, derb, direkt, die dicke Ausgabe von Petra Schürmann;
entwaffnend, empfindlich, erfolgreich, exhibitionistisch, extrem, eigenwillig, ehrgeizig, entschlossen, engagiert, eckig, eine Entertainerin;
fanatisch, frech, fett, frivol, füllig, fröhlich, feministisch, flott, freundschaftlich, frauenfreundlich, flapsig, faul, fatalistisch, freimütig, eine Frohnatur, der fleischgewordene Kölsche Frohsinn;
geboren, gelassen, glücklich, geliebt, geschmacklos, großmütig, gebeutelt, gewichtig, großzügig, gesprächig, gesellig, gut drauf, gemein, größenwahnsinnig, eine Galionsfigur;
hemmungslos, heftig, höflich, hinreißend, herzlich, homosexuell, humorvoll, hingebungsvoll, hoffnungsvoll, Helli-Propelli, die neue Hörige, eine Herausforderung;
innovativ, intuitiv, intelligent, infantil, impulsiv, interessant;
jung, jeck, jähzornig, ein Juwel;
kindisch, knuddelig, kreativ, kraftvoll, konzentriert, korpulent, eine Komikerin, eine Kämpfernatur, komisch, knackig, kokett, kontaktfreudig, klasse, köstlich, ein Knüller, eine klassische Langschläferin, Kempers Helli;

laut, liebevoll, lässig, lustig, launisch, lustvoll, lecker, liebenswert, lieb, locker, leise, liberal, ein lebendiges Kunstwerk, lesbisch;
mutig, mollig, massiv, eine Maulheldin, messerscharf, moderat, ein Multitalent, manchmal so müde;
noch für einige Überraschungen gut, ein neuer Frauentyp, nervös, natürlich, nervend, neckisch, narzißtisch, ein Naturereignis;
offen, ordinär, original, optimal, originell;
prominent, professionell, provokativ, privat, plump, prall, pfiffig, positiv, powerful, ein Pfundsweib;
quirlig, quietschvergnügt, eine Quasselstrippe;
romantisch, reizend, resolut, rabiat, respektlos;
sexy, sensibel, selbstbewußt, sympathisch, spitzzüngig, sportlich, spontan, stolz, stark, sinnlich, skeptisch, spritzig, stämmig, schamlos, skurril, still, schlagfertig, schrill, ein Star zum Anfassen, Super-Helli, schnippisch, schelmisch, schwergewichtig, schlau, schräg, schön, schick, schnell im Denken, schnodderig, schlagzeilensüchtig, schwatzhaft, stinkbürgerlich, die Schreckschraube der Nation, eine Schwulenkönigin, ein Sturzpolster;
total verrückt, trotzig, toll, tapfer, talentiert, tolerant, Tünnes, eine Trinkerin;
eine Ulknudel, überkandidelt, ungarniert, unmäßig, unvorsichtig, ungebildet, unverschämt, ungebremst, unverklemmt, ungezogen, unbekümmert, untreu, ulkig, urig, unerträglich, unkonventionell, unmöglich, unreif, ein Unikum, umwerfend, undiszipliniert, unbequem, unausstehlich, unkompliziert, übergewichtig, uneitel, ein Ulkmammut;
vergnügt, verliebt, volksnah, vielseitig, vollschlank, verschüchtert, vital, verletzlich, vorlaut, voller Begierde, Ecken und Kanten;
eine Wuchtbrumme, wild, weich, warm, wibbelig, witzig, wandlungsfähig, wahrheitsfanatisch, ein weiblicher Don Juan;
zärtlich, zornig, zänkisch, zäh, ein Zirkuspferd...

aus:

Süddeutsche Zeitung, TV plus, WK Wohnen, Bild am Sonntag, Stern, Funk Uhr, Express, Gong, AZ, Astro Woche, Vom Winde verweht, Tages Anzeiger, Glück, Maxi, Hör Zu, Märkischer Anzeiger, Petra,

Kölner Illustrierte, Frau im Spiegel, Zeitmagazin, Bunte, Viva, TZ, Kölner Rundschau, Kölner Stadt Anzeiger, Echo der Frau, Neue Welt, Hamburger Abendblatt, Bild, WAZ, Frau aktuell, Emma, Auto Motor Sport, Bild der Frau, Bildwoche, BZ, Carina, Cosmopolitan, Düsseldorfer Illustrierte, Freizeit Revue, Freundin, Meine Woche, Neue Welt, Prinz, Quick, Spiegel, Tip-Magazin, Vogue, Die Welt, Wiener, Wienerin u. v. m.

Otto und Ottilie Normalverbraucher sind definitiv fasziniert von den Printmedien und besonders fasziniert davon, wenn der eigene Name in der Zeitung steht; und so ging es mir auch.
In der Regel kommen Otto und Ottilie ja höchstens in den Genuß der printtechnischen Namensidentifikation, wenn die Eltern die Geburtsanzeige aufbewahren. Bei Erstkommunion oder Konfirmation könnte der eigene Name auftauchen in der Kirchenzeitung. Ansonsten bei sehr wichtigen Ereignissen wie Heirat oder Tod.
Von daher sind Otto und Ottilie eigentlich immer ganz froh, wenn sie ihren Namen in anderen Zusammenhängen noch mal im Leben zu lesen bekommen. Vorausgesetzt in positiven Zusammenhängen. Davon gehe ich mal aus. Mein Vater beispielsweise kam neulich noch in den Genuß, aber darauf hätte er lieber verzichtet: »Exhibitionist entpuppte sich als Angler.«

Obwohl ich der Meinung bin, daß in die Zeitungen von gestern der Fisch eingewickelt wird, haben wir Menschen doch das Gefühl, wenn unser Name in der Zeitung steht, daß es unserem Leben so einen gewissen Hauch von Unvergänglichkeit gibt, denn wir schneiden die Stelle ja aus. Das treibt uns auch dazu, Leserbriefe zu schreiben, die keinen interessieren. Falls dein Leserbrief nicht abgedruckt wird, mußt du zur Anzeige greifen: »Schmusebärchen grüßt Watschelentchen.« Originell und unvergänglich. Am Frühstückstisch endlich *selbst* fettgedruckt sein.

Ich lese inzwischen öfter meinen Namen in der Zeitung, und es ist immer noch diese Mischung aus »Ach, kuck mal, wie toll, ich stehe in der Zeitung« und Erschrecken: »Ach, du Scheiße, was schreiben

sie denn heute schon wieder?« Es ist ein sehr ambivalentes Gefühl, wenn ich die Zeitung aufschlage und meinen Namen sehe.
Der erste Blick, bevor ich auf den Text schaue, geht ja immer auf die Fotos: Wie sehe ich aus? In welcher Situation haben sie mich da fotografiert, und vor allem: wo? Je bekannter ich werde, desto öfter, heimlicher und dreister werde ich fotografiert. Oft denke ich dann: Wo warst du denn da? Und recherchiere anhand meiner Jackenkragen und meiner Frisur, nach oder während welchem Stelldichein dieses Foto gemacht worden ist.

Der erste Artikel über mich, der seitenfüllend und bunt erschienen ist, war von Matthias Scholz. Das war in FRAU AKTUELL: »Aus der Putzfrau Schmitz wurde eine pfiffige Fernsehfrau«. Ich sitze Homestorytechnisch, Tee trinkend an meinem Küchentisch und posiere vorm Bücherregal. Das besonders Aktuelle an diesem Artikel damals war, daß er erschien, als diese sehr schöne Fernseh-Frau-Karriere bereits beendet war.
Da weiß ich noch, daß ich mich über diesen Artikel nicht richtig freuen konnte.
Heute, in der Rückschau, wenn ich ihn jetzt so aufblättere, ist er für mich als Dokumentation von Interesse: wie mein Zimmer damals aussah, welche Poster in der Küche hingen und so.
Dann gab es mehrfache Erwähnungen, Karnevalstechnisch, in den 2 Kölner Tageszeitungen, da mußte ich mich schon ärgern, wenn da »Studentin« anstelle von »Schauspielerin« stand. Ich wollte auf keinen Fall als »Germanistik-Studentin« geführt werden, sondern bitte als Schauspielerin. Und *wenn schon* Studentin, dann bitte der Theater-, Film- und Fernsehwissenschaften und nicht der Germanistik. Heute lese ich das auch wieder gerne.

So. Hüppel, Hüppel. Theaterkritiken, Klatsch-Kolumnen und dann der RTL-Start: »Das ist Deutschlands verrückteste Fernsehshow.«
Jetzt fängt es an, ärgerlich zu werden. Es etabliert sich dieses berühmte Wort »Ulknudel«. »Hella von Sinnen, die fröhliche Ulknudel, hat Mut zur Häßlichkeit.«

Ich kann diesen Begriff »Ulknudel« einfach nicht ertragen. »Ulkig« ist schon mal ein ganz überflüssiges Wort. Genauso pupsig wie »nett«. »Nett« ist ja auch so 'n todlangweiliger Ausdruck. »Nudel« wiederum ist Nahrung. Zuckerpuppe, Cremeschnittchen. Sex(Eis-)bombe ist alles utschibutschi. Kein Arendt, kein Juhnke, kein Kulenkampff gastiert in den Gazetten unter dem Begriff »Ulknudel«. Es sind Komiker, Schauspieler, Entertainer. Kolleginnen wie Gisela Schlüter, Helga Feddersen, Trude Herr, Grit Böttcher und andere wurden und werden mit dem Begriff »Ulknudel« verharmlost, abgestempelt und diffamiert. Ich für meinen Teil möchte in der Schublade »Ulknudel« nicht drin sein und möchte da auch nicht rauskommen. »Don't call me Ulknudel! Don't call anyone Ulknudel!«

In dieser berühmten BUNTE-Rubrik »Leute von heute, übermorgen und vorgestern« (damals noch schwarzweiß) stand unter der Überschrift: »Frau von Sinnen. Allererste Sahne«... »Ich bin eine Ur-Lesbe – Platsch.«

Das war mein Schwarz-auf-Weiß coming out. Daraufhin haben die Journalisten natürlich die Beine in die Hand genommen, und bei den darauffolgenden Interviews haben sie erst mal zaghaft gefragt, was denn an diesem »Gerücht« dran sei?! Ich habe natürlich nicht dementiert, obwohl ich eher aus 'ner Laune heraus dieses »Geständnis« gemacht hatte.
Ich lag mittags mit schwerem Kater in meinem Bettchen, und die Journalistin fragte mich, wann ich denn Dirk Bach heiraten würde?! Daraufhin war ich so angeschnarcht, so gereizt und habe gefragt, was dieser Mist denn soll?
Weil, ich wär' nämlich lesbisch, Bäätsch.

Die Journalistin war dann ganz aus dem Häuschen. Es ist nämlich so: Der Ruf der Presse ist ja zurecht ein schlechter. Erstaunlicherweise gibt es da aber so ein ungeschriebenes Gesetz. Sie wissen vom Gros der VIPs, wer schwul, wer lesbisch ist. Tapfer schreiben sie aber: »Der überzeugte Single« – »Die überzeugte Junggesellin«.

In den USA gibt es ja diese »outing«-Kampagne. Whitney Houston, Jodie Foster, Tom Sellek dementieren. Chamberlain nicht. Wie alles Gute, was aus Amerika kommt, werden sie am End' auch hier eines Tages outen (kurz vor Erscheinen des Buches hat Rosa von Praunheim damit angefangen). Zur Zeit schreiben sie »es« ja nur post mortem. Sedlmayer und Schwarzkopf hatten ihr coming out unterm Leichentuch.

Jetzt frage ich mich natürlich, wieso ist die Presse denn plötzlich so diskret? Der Grund *könnte* sein, daß sie ja klasse Prominente erpressen können, wenn sie über dieses »skandalöse« Wissen verfügen: Paßt mal auf, X oder Y, wie ihr wißt, wissen wir... Also kriegen wir jetzt mal schön eine Exklusiv-Story, sonst machen wir vielleicht eine kleine Andeutung...?!

Wenn alle Promis zu ihrer Homosexualität stünden, wären sie nicht mehr erpreßbar. Der Schweiß stünde ihnen nicht mehr auf der Stirn, und die Presse könnte uns nicht mehr diese bellende, blutrünstige Meute geben, wie sie es tut.

Zurück zu meinem Presseordner: Ah ja! Bei mir ging es dann aus der Nahrungsmittelschublade ab in den Werkzeugkeller. Im MEDIEN-TELEGRAMM (ein ganz obskures Blättchen, wird nur über die Schreibtische der Medienmacher vertrieben; das kann man käuflich gar nicht erwerben), gab's 'ne Umfrage (fragt mich nicht, unter wem, am End' unter Fernsehjournalisten), da wurde ich zu »Deutschlands schlechtester Moderatorin« gewählt und bekam den Titel »Die Schreckschraube der Nation«.

Schreckschraube finde ich nicht so doof wie Ulknudel. Schreck kommt von erschrecken, aufschrecken, wachmachen, hat was mit POWER zu tun, mit Aufwühlen. Und wenn man so 'ne Schraube ins Holz dreht, das weiß man ja, da kann man Schaukeln dranhängen und kann 20 Jahre und länger schaukeln.

So 'ne Schraube hat ein sehr stabiles Karma. Nachhaltiger Eindruck und so. Daß die mich zur »schlechtesten Moderatorin« gekürt haben, hat in mir einen gewissen Stolz zurückgelassen, denn ich lebe ja nach dem Motto: Hauptsache die Nummer 1.

Blätter. Da gibt es eine sehr schöne Zeitschrift, ECHO DER FRAU, in der dann auch stand: »Hella von Sinnen: Ich kann nur Frauen lieben, und ich stehe dazu.« Da fing das an mit den *kleinen Kästchen*. Was andere Prominente über »Liebe unter Frauen« sagen, und dann haben sich diverse Leute dazu geäußert oder auch nicht dazu geäußert. Das ist ja auch so 'ne Unsitte in den Zeitschriften, daß sie »Zitate von Prominenten« aus anderen Zusammenhängen nehmen und dem Leser vorgaukeln, FRAU IM KOMA hat exklusiv mit diesen Menschen gesprochen.
Natürlich ist allen klar, daß niemand mit Martina Navratilova über Hella von Sinnen gesprochen hat. Aber sie tun so. Eine etwas sonderbare Praxis.
Blätter. Die Story in der VIVA ist für mich ein Einschnitt, was dieses »Star«-Sein anbetrifft. Da kam Herr George (von dem auch das Cover-Foto dieses Buches ist) aus Hamburg mit seinem Assistenten Balu nach Köln und machte Fotos von mir. Damals war ich fix und foxi darüber, daß eine Zeitschrift extra zwei Männer losschickt und bezahlt, um von *mir* exklusive Fotos zu machen. Da dachte ich: Ach du lieber Himmel, jetzt bist du ein Star.
Blätter. Ach ja. Zum ersten Mal auf dem Cover der berühmten BUNTEN am 2.11.1989, zusammen mit Helmut Kohl, Angelika Milster, Günther Strack und Herrn Veigel: »Schlank. Aber richtig! 6 Ideal-Diäten für die berühmtesten Dicken Deutschlands.« Und da dachte ich, ach kuck mal – Helmut Kohl und du. Wir sind die berühmtesten Dicken Deutschlands. Haben sich die teuren Pfunde ja doch gelohnt!
Blätter. O ja. Da gab es einen Artikel, über den ich mich wieder schwer ärgern mußte. Der Interviewer hatte sich in unserem Gespräch als Tucke zu erkennen gegeben. Da dachte ich fälschlicherweise, der Kollege müßte doch einen wunderbaren Artikel schreiben! Endlich mal einer aus der Familie! Schade eigentlich.
Was mich ja besonders nervt, sind diese Pseudozitate. Sätze stehen da in Anführungszeichen, und der geneigte Leser geht unwillkürlich davon aus, daß ich die genau so gesagt habe, wie sie da stehen, aber ich habe sie *so* nicht gesagt. Wenn ich da etwa »zitiert« werde: »Bei uns zu Hause war es immer nur laut, gab es Streit, deshalb gehe ich

noch heute Zwietracht aus dem Weg.«... Nur zögernd spricht sie von der Scheidung der Eltern... »Ich bin schon als Kind in eine Traumwelt geflüchtet, stellte mich verkleidet vor den Spiegel, benutzte den Federballschläger als Gitarre und träumte davon, ein Popstar zu werden.« Diese Sprache ist so eklig! Ich spreche nicht zögernd von irgendwas und habe mich auch nicht in eine Traumwelt »geflüchtet«. Natürlich stand ich vorm Spiegel und träumte davon, ein Popstar zu werden, aber aus Übermut. Wie alle anderen Kinder auch. Verkleiden. Faxen machen.

Weiter geht's: »Ich jobte in einer Lippenstiftfabrik, in Kneipen und verkaufte Würstchen an der Straßenecke.«... »Bei jedem ihrer Worte spürt man die bitteren Erinnerungen. So bitter, wie sie auch den Start ihrer Karriere empfindet.« Das stimmt einfach nicht! Es sind keine »bitteren Erinnerungen«. Ich erzähle einfach, was ich gemacht habe, und die Schreiber interpretieren. Ich kann es nicht leiden, wenn die Finken meine Worte verfälschen. Höhepunkt in diesem Artikel: »Ich lernte Winni Gahlen kennen. Er machte mich zu Frau von Sinnen. Produziert die Show heute bei RTL.«

Können Sie sich vorstellen, ich würde die Worte wählen: »Er machte mich zu Frau von Sinnen«?! Ich mir auch nicht! So habe ich mit diesem Schreiberling am Biertisch gesessen, und er hat so getan, als hätten wir 10 Säcke Salz miteinander gefressen. Ich hatte den Eindruck, wir hätten ein vernünftiges Gespräch geführt, und dann rekonstruiert er ein Bild von mir, in dem ich mich leider nicht wiederfinde. Solche Sachen ärgern mich kolossal, wenn ich denke, ich habe mich mit Leuten gut verstanden, und dann geht es doch voll nach hinten los.

Blätter. Zwischendurch gab es witzige kleine Schülerzeitungen, mit Interviews oder Portraits, wo aufgeregte SchülerInnen bei mir am Küchentisch saßen und mich befragt haben. Die lese ich besonders gerne. Die sind in der Regel mehr auf dem Punkt als dieses Gazettengepfusche. Die SchülerInnen schreiben wenigstens das, was ich gesagt habe, kommentieren es klasse pampig, aber zitieren richtig.

Dann gibt es natürlich sehr schöne Höhepunkte in der Printmedien-Karriere! Wie zum Beispiel im GONG »Staralbum« aufzutauchen. In

dem Zusammenhang habe ich auch geweint vor Glück, als ich endlich in der BRAVO 'ne halbe Seite hatte. Die BRAVO ist ja meine Lieblingszeitung, und da war ich direkt unter Madonna. Nicht nur in der BRAVO zu sein, sondern auch auf derselben Seite wie Madonna! Und auf der MAD mit Madonna. Oder im BRAVO-Horoskop unter »Wassermann« abgedruckt zu sein. Dafür hat sich dann wieder alles gelohnt.
Dann gab's diese Bambi-Verleihung, und zwei Monate später die Veränderung in meinem Liebesleben, als ich aus der gemeinsamen Wohngemeinschaft aus- und mit Cornelia zusammengezogen bin. Da war natürlich die Hysterie in den Printmedien enorm. Es verging kaum eine Woche, in der wir nicht am Kiosk irgendwelche fetten Headlines lesen mußten. Parallel fand die Premiere von WEIBER VON SINNEN statt. Da haben bösartige Zungen behauptet, ich würde mein Liebesleben dazu benutzen, meine Einschaltquoten hochzupuschen. Das habe ich nicht getan. Mir wird vielerorts unterstellt, ich wäre ein »PR-Genie«. Das einzige, was ich bis jetzt immer getan habe: Ich war ehrlich und offen, habe den Leuten nichts vorgemacht und nicht gelogen.

Über die »Berichterstattung« Cornelia Scheel und Hella von Sinnen kann ich mich nur wundern. Wir haben bis zum heutigen Tag (Herbst '91) noch kein Exklusiv-Interview gegeben. Wir saßen offiziell noch nicht mit Journalisten an einem Tisch. Ob dies ein Fehler war, weiß ich nicht hundertprozentig. Dadurch, daß wir nicht mit ihnen gesprochen haben, waren sie zickig. Sie haben sich in Allgemeinplätze und Unverschämtheiten gerettet und all das Inkompetente immer wieder voneinander abgeschrieben. Wir wurden reduziert auf »die Schrille und die Scheue«, »die Starke und die Schwache« oder »die Extrovertierte und die Schüchterne«. Ich kann diese Vereinfachungen nicht ausstehen.
Jeder Mensch hat doch 100 Facetten. Wenn wir nur diese oberflächlichen Gegensätze wären, hätten wir uns nicht viel zu sagen. Fade eigentlich.
Was mich aufbringt, ist dieser pathologische Ansatz, mit dem versucht wurde und wird, unserer Liebesbeziehung auf die Schliche

zu kommen oder sie zu rechtfertigen. Lesbische Liebe ist für das Gros der Journalisten (am End' repräsentativ für die Bevölkerung?) nicht »normal«. Von daher muß es ja irgendwelche Gründe geben für Frauen, sich der Männerwelt emotional, vor allem aber sexuell zu entziehen. Diese Gründe können scheinbar nur durchgeknallte, niedere und krankhafte Gründe sein.
Auf die Idee, daß zwei attraktive, intelligente, selbstbewußte Frauen sich einfach ineinander verlieben und sich mehr geben können, als jeder Mann einer Frau geben kann, kommen die Herren natürlich nicht. Wo suchen sie also? In der Psychoanalyse. Bei uns haben sie einen gemeinsamen Punkt gefunden: der tragische Tod unserer Mütter. So sind wir also beide seelische Krüppel, die mit dem Verlust der Mutter nicht aus den Socken kommen und sich deswegen aneinanderklammern. Zwei ertrinkende Halbwaisen greifen nach einem Strohhalm. Weinen an den Ersatzbrüsten. Na bravo.

Ulknudel und Schreckschraube, das kann ich alles ertragen. Wenn sie Fotos finden, wo ich dieses »Fräulein Messaias« gespielt habe, und sie schreiben drunter: »Hella als Backfisch mit Kreuz um den Hals«, und die größte Erkenntnis ist dann: »Hella ist gar nicht blond.« Wenn sie irgendein aschgraues Foto von mir finden und Kamine erzählen, das ist pupsig, aber zu ertragen. Es ist halt eine verfickte Utschibutschi-Presse, um mit Stephen Kings Annie Wilkes zu sprechen. Annie würde ihnen wahrscheinlich die rechte Hand abhacken.

Den Höhepunkt der Diffamierung gab uns die NEUE REVUE, die damit auftrumpfte, ich sei ja gar nicht lesbisch. Die Nr. 11 vom 8.3. '91: »Hella von Sinnen – Lesbische Liebe alles Schwindel? Liebt sie heimlich Männer?«
Das war der unverschämteste Artikel von allen! Da haben sie das gemacht, was der Kollege von der BAMS auch gerne tut. Was sie alle gerne tun, wenn ihnen nichts einfällt. Sie fragen sogenannte »Experten«. Sie fragen irgendwelche pensionierten oder unbekannten Psychologen, Sozialpädagogen, Reformhäusler oder Leute von der Heilsarmee: Was könnte Hella von Sinnen für ein Mensch sein?

Der NEUE REVUE-»Artikel« fängt so an: »Kein Fotograf... in der Nähe, keine eidesstattliche Versicherung beweist etwas. Hella von Sinnen, soviel ist sicher, kann äußerst dezent und vorsichtig sein, auch wenn sie nach außen immer so plump und furchtbar laut tut. An manchen Wochenenden, so erzählt man in den Kölner Frauentreffs, trifft Hella sich außerhalb der Stadt mit einem gutaussehenden, etwa 42jährigen Mann. Er trägt Maßanzüge und liebt lange Spaziergänge. Manchmal legt er den Arm um Hella. Stets bezahlt er die Rechnung. Sie schaut ihn verliebt an, wirkt gar nicht mehr schrill, sondern anschmiegsam, weiblich und hingebungsvoll. So schaut keine Lesbe einen Mann an!«
Klasse! Niemand weiß, wer dieser Mann sein soll. Niemand weiß, wo ich mich außerhalb Kölns Stadtgrenzen rumtreibe, an wem ich mich da gerieben haben soll. Ich stehe bis heute vor einem Rätsel. Es kann sich nur um meinen Vater gehandelt haben, aber der hat die 40 schon länger überschritten. Und weiter: »Hella von Sinnen gilt in der Showbranche als geradezu schlagzeilensüchtig. Als seriöse Schauspielerin scheiterte sie. Eine normale Beziehung zu einem normalen Mann hätte ihr in den letzten Monaten kaum eine Schlagzeile beschert. Lesbisch aber ist schick, feministisch, locker liberal« (schrieb der SPIEGEL).

Und jetzt kommen wir zu dem berühmten Berliner Psychologen Conrad W. Sprai (66). Der sagt: »Dean Martin pflegte z. B. seinen Ruf, ein Säufer zu sein – aber er trank nie.« So resümiert also der weise Mann und kommt messerscharf zu dem Schluß: Von Sinnen läßt raushängen, daß sie lesbisch ist, ist es aber nicht, denn, Beweis Nr. 62: In einem Interview mit Hella fürs WEIBERMAGAZIN hat Frau Rühmkorf das Wort »bumsen« benutzt!
Jetzt schlußfolgert der Hamburger Psychotherapeut Dieter Kampmann (42): »Eine lesbische Frau wäre gar nicht in der Lage, eine heterosexuelle intelligente Frau zu solchen Äußerungen zu bewegen.« Wahr ist, daß ich Frau Rühmkorf nicht zu dieser Äußerung bewegt habe. Dieses Interview hat Anete Humpe geführt. Unwahr ist, daß in meinem Beisein das Wort »bumsen« von heterosexuellen Frauen noch nie gefallen ist.

Was besonders infam ist, ist dann »die Sache mit den Torten«. Der geneigte Leser wird wissen, daß Hugo und ich zum Schluß der Sendung ANO!? Torten ins Gesicht geworfen bekommen. Jetzt steht also hier in der NEUEN REVUE: »Sie lacht dabei und scheint es zu genießen, daß man sie so demütigt und Millionen Menschen zuschauen. Viele Frauen, die Männer lieben, lassen sich gern unterdrücken und demütigen, sie genießen es, wenn sie die Schwächeren sind und etwas Obszönes mit ihnen geschieht. Lesbische Frauen stehen auf solche Spiele jedoch nicht. Schon gar nicht, wenn sie in einer Beziehung die Rolle des männlichen Parts übernehmen, wie es bei Hella von Sinnen eindeutig der Fall ist.« Psychologe Sprai sagt dazu: »Ein eklatanter Widerspruch.«
Wahr ist, daß ich beim Tortenwerfen lache. Unwahr ist, daß Hugo Egon Balder schwul ist.

Ich könnte stundenlang so weitermachen. Der Autor dieses NEUE REVUE-Artikels gehört über den Hydranten gespannt.
Nun gut! Es ist jetzt Herbst '91, und ich werde noch viele Hälse über Headlines bekommen. Aber ich habe mir diesen Job selber ausgesucht.

Und nun ein paar Antworten für alle RedakteurInnen, die ihre bunten Seiten füllen müssen:

Frau von Sinnen,
- was halten Sie von Abschaffung des Wehrdienstes?
  Viel.
- liegen Sie lieber im Schatten oder lieber in der Sonne, und wenn in der Sonne, benutzen Sie dann Sonnencreme?
  Im Schatten, ja.
- wo zieht es Sie hin, wenn Sie einmal gut zu sich selbst sein wollen?
  Ins Bett.
- welche Diät bevorzugen Sie?
  Die Datteldiät. Ich darf alles essen außer Datteln.
- welche Spiele empfehlen Sie unseren Lesern für den Silvesterabend?

Russisches Roulette.
- welche Romanfigur wären Sie gerne und warum?
Die Frau Mahlzahn aus »Jim Knopf und die wilde 13«, weil sie zum Drachen der Weisheit wird.
- welches Buch lesen Sie gerade?
Meins.
- welches Körperteil lieben Sie bei Männern am meisten?
Das Hirn, falls vorhanden.
- was tun Sie, wenn Sie Liebeskummer haben?
Saufen, fressen, heulen.
- was essen Sie am liebsten?
Pizza Tonno.
- mit welchem(r) Schauspieler(in) würden Sie gerne zusammen in einem Film mitwirken?
International: Bette Midler, Barbra Streisand; national: Ellen Schwiers, Tana Schanzara.
- wie halten Sie sich fit?
Sex.
- an welchem Ort auf dieser Welt möchten Sie am liebsten leben?
In Köln.
- wie werden Sie mit Streß fertig?
Ganz gut.
- was für eine Art Grillspieß bevorzugen Sie?
Den, bei dem ich die Fleischbrocken so runterschieben kann, daß sie nicht durchs Lokal fliegen.
- was ist für Sie Abenteuer?
In ein Parkhaus fahren.
- wo machen Sie am liebsten Ferien?
Im Bett.
- was ist Ihr privater Muntermacher, wenn Sie neue Energie tanken wollen?
Sex.
- mögen Sie große Tiere?
Ja, sehr.
- was denken Sie über die Sportschau?
Könnte eine schöne Sendung sein.

- was machen Sie samstags um 18.00 Uhr?
  Ich denke über die Sportschau nach.
- woran glauben Sie eigentlich noch?
  An die erholsame Wirkung des Schlafes und die belebende Wirkung des Beischlafes.
- auf was können Sie bei ARD und ZDF gut verzichten?
  Auf das Testbild. Ich möchte 24 Stunden Programm haben.
- bei welchem erotischen Buch bekommen Sie heute noch rote Ohren?
  Rita Mae Brown: »Rubinroter Dschungel«. Und zwar vor Lachen.
- wie gefällt Ihnen der Bart von Boris Becker?
  Bärte sind prinzipiell nicht lecker.

Und jetzt ruft mich bitte nicht mehr an für irgendwelche quicken Interviews, Diättips, Weihnachtsgeschenkverpackungsvorschläge, Lieblingsmoderatoren und sonstige Umfragen.
Umfragen schnarchen mich an!

Kapitel 14

Darauf steh' *ich* wie 'ne Eins!

Musik, die ich mit 12 13 14 15 16 17 18 gehört habe...
Emerson, Lake & Palmer (»Lucky Man«) – Jethro Tull (»Locomotive Breath«, »Thick as a Brick«) – The Doors – Bee Gees – Beatles – T. Rex – Supertramp – Crosby, Still Nash & Young – The Who (»Tommy«) – Jesus Christ Superstar – Woodstock

»Nights in White Satin« (Moody Blues) – »A Horse with No Name« (America) – »A Whiter Shade of Pale« (Procul Harum) – »Knockin' on Heaven's Door« (Bob Dylan) – »Without you« (Nilson) – »Voulez Vous Coucher Avec Moi« (Lady Marmelade) – »Venus« (Shocking Blue) – »Jolene« (Dolly Parton) – Inagaddadavida (Iron Butterfly) – »Summertime« (Janis Joplin) – »Whole Lotta Love« (Led Zeplin)

»Die Moldau« (Smetana) – »Aus der neuen Welt« (Dvořák – »Die Vier Jahreszeiten« (Vivaldi) – »Symphonie Nr. 3, 5, 9« (Beethoven) – »Klavierkonzert Nr. I, Pathétique« (Tschaikowsky) – »Bilder einer Ausstellung« (Mussorgski)

Ha! Ich hatte noch eine LP: »The Divine Miss M« (Bette Midler), und bei Hanne habe ich viel James Last gehört und Elvis.

Musik, die ich vor allem mit 18 19 20 21 22 23 24 gehört habe...
Edith Piaf – Nina Hagen – Diana Ross – Phyllis Hyman – Stephanie Mills – Grace Jones – Barbra Streisand – Alicia Bridges – Pointer

Sisters – Aretha Franklin – Dionne Warwick – Eartha Kitt – Rocky Horror Picture Show – Shirley Bassey – Donna Summer – Michael Jackson – Judy Garland – Randy Crawford – Ideal – Neonbabies – und viele andere.

Musik, die ich mit 25 26 27 28 29 30 31 32 immer noch höre...
Whitney Houston – Madonna – Cher – Bette Midler – Anete Humpe – Inga Humpe – Marianne Rosenberg – Mahalia Jackson – Zarah Leander – Marlene Dietrich – Mae West – Liza Minelli – Tina Turner – Boy George – Millie Jackson – Patti Labelle – und viele andere.

Meine Lieblingsstars:
BETTE DAVIS
Mae West
Marlene Dietrich
Joan Crawford
Katherine Hepburn
Marilyn Monroe
ROMY SCHNEIDER
Vivien Leigh
Zarah Leander
Hatti McDaniel
Lucille Ball
Barbra Streisand
BETTE MIDLER
Madonna
Cher
Whoopie Goldberg
GOLDEN GIRLS
Greta Garbo
Valeska Gert
Lilli Palmer
Elisabeth Flickenschildt
Grace Kelly
Catherine Deneuve

Judy Garland
Liza Minelli
MISS PIGGY
Dame Edna
Gloria Swanson
Liz Taylor
Anjelica Houston
Ingrid Bergmann
Jessica Lange
Goldie Hawn
Shirley McLaine
Meryl Streep
Lauren Bacall
Anne Bancroft
Lilli Tomlin
Dolly Parton
Maggi Smith
Hanne Wieder

Meine Lieblingsfilme:
All About Eve
Sunset Boulevard
Leoparden küßt man nicht
E. T.
Fenster zum Hof
Über den Dächern von Nizza
Die Vögel
Verdacht
Der unsichtbare Dritte
Jezebel
Whatever happened to Baby Jane
Hush hush sweet Charlotte
She done him wrong
Belle of the Nineties
Go west young man
My little chickadee

Sissi I, II, III
Mädchen in Uniform (beide)
To be or not to be (beide)
Sister George muß sterben
Die Bankiersfrau
Wie angelt man sich einen Millionär?
Some like it hot
Zeugin der Anklage
The wizzard of oz
The wiz
Yentl
The Rose
Der große Diktator
Solange es Menschen gibt
Johnny Guitar
Welcome, Mr. Chance
Mommy Dearest
Gremlins I, II
Poltergeist
120 Tage von Sodom
Solo für 2
Tote tragen keine Karos
L. A. Story
Misery
Die Muppets erobern Manhattan
Dirty Dancing
Women
Star Wars-Trilogie
Alle Walt-Disney-Zeichentrickfilme
Meerjungfrauen küssen besser
Elephant man
Desperately seekin' Susan
Myra Breckinridge
Ausgeflippt
Rocky Horror Picture Show
und viele andere mehr.

Kapitel 15
Andere über mich

Hella war ein sehr anhängliches Kind und immer wie eine Modepuppe angezogen.
Tante Anni

Hella war ein hübsches Kind. Sie war ordentlich gekleidet.
Tante Erika

Hella war sehr aufgeschlossen und an allem interessiert.
Tante Helga

Hella war ein lebenslustiges, nettes, kleines, blondes Mädchen und immer gut drauf. Sie hat der gesamten Verwandtschaft immer sehr viel Freude bereitet.
Tante Helma

Hella war im Alter von 2 Jahren einmal 4 Wochen bei mir, als die Eltern in Kur waren. Sie war immer lustig und unterhaltsam, und wir haben bedauert, daß sie nicht länger bleiben konnte.
Tante Else

Sie kann manchmal wirklich weise sein. Bei der Fassade vermutete man nicht so viel Menschenkenntnis, wie sie hat.
Steve Nobles (genialer Komponist, Pianist, Amerikaner, Freund)

Hella von Sinnen ist temperamentvoller als Bette Midler, penetranter als Grete Weiser und ulkiker als Uta Ranke-Heinemann. Ihr Unterhaltungstalent ist monströs, ihre Komik mitreißend, verschwenderisch und herrlich undeutsch. Sie praktiziert »Camp« in Reinkultur. Hierzulande eine Seltenheit! Ich bin froh, daß die (Fernseh-)Nation wenigstens eine Hella von Sinnen hat. Und noch froher, daß ich diese bezaubernde RTL-esbe privat kenne. Hella ist ein Wassermann. Sie hat ein Herz aus Gold. Deshalb ihr Übergewicht.
Pelle Pershing (Entertainer, der wahre Heinz Schenk, Freund)

»Ich bin rund und gesund, an mir stimmt jedes Pfund« . . . So heißt es in einem Chanson, und ganz falsch ist es, auf Hella bezogen, sicher nicht. Aber das ist nur eine Seite, die andere ist: Schlagfertigkeit, Witz, Großzügigkeit, Freundschaft und auch ein bißchen Launischsein. Hella von Sinnen: eine runde Sache.
Beate Rademacher (Chansonette, Mutter von Fritzi, Freundin)

Es gibt nur zwei Stars auf der Welt – Madonna und Hella von Sinnen.
Ralph Hartlieb (Jubeltrine, Kostümbildner, Freund)

Hella ist das mutigste und dankbarste Opfer für die skurrilsten Phantasien eines Kostümbildners; der sinnvollste Inhalt, den eine verrückte Hülle je bekommen kann.
Silvia Bouké (Kostümbildnerin und Vampirin)

14 Jahre Freundschaft mit Hella sind definitiv nicht in zwei Sätze zu fassen. Meine Gefühle zu ihr sind höchst ambivalent, aber unterm Strich liebe ich sie leider.
Marie Reiners (Wir waren ziemlich dicke Freundinnen; Autorin, ehemalige Manta-Fahrerin)

Sie ist ein dufter Kumpel, mit dem man Pferde stehlen kann, und wie eine Litschi, harte Schale – weicher Kern. Ich mag sie.
Horst Galuschka (algenbewachsener Fotograf, hundekuchengut)

Jutta haßt es, wenn ich grimassiere

In schwierigen Situationen erinnere ich mich daran, daß der Mensch eine Ganzheit ist und daß das Positive ohne das Negative nicht existieren kann und vielleicht sogar daraus entsteht.
Jutta Lußem (eine tapfere Organisatorin, Grünfetischistin)

Ich schätze Hella als Mensch sehr, bewundere ihre Art der Komik und ihre Schlagfertigkeit, und sie ist so herrlich frech. Ihre Shows oder früher ihre Theaterstücke kann ich mir 20mal ansehen, sie ist einfach toll.
Samy Orfgen (Schauspielerin, Bärensammlerin und Freundin)

Wir lieben sie heiß, und unsere Kinder auch; auch deshalb, weil sie ihnen einen leuchtenden Gartenzwerg geschenkt hat. Wir sind eine sehr große, laute kanadisch-italienisch-bönsche Familie, die sich natürlich tierisch freut, wenn Hella mit ihrer guten und lauten Laune zu Besuch kommt.
Bill Mockridge (Regisseur, Schauspieler, SPRINGMAUS-Vater)
Margie Kinski Mockridge (Schauspielerin, »Pampers Queen«)

Ich habe Hella immer um die Fähigkeit beneidet, in Latein-Klassenarbeiten so genial abschreiben zu können. Da hat sie selbst die Fehler ihrer Nachbarin in ihrer Arbeit, allerdings unwissend, korrigiert.
Bärbel Minne-Rindermann (ehem. Klassensprecherin)

Hella von Sinnen war mir stets ein nimmer versiegender Quell der Inspiration und strengstens geheimgehaltener Wärme. Wobei die »Quelle« mit der sengenden Dimension eines Vulkanausbruchs Freundinnen mit unterhaltsamer Wucht in schwindelerregende Abgründe zu reißen pflegt.
Angela Räderscheidt (Freundin, Malerin, Performance-Künstlerin, Zoowärterin)

Etwas aufgedreht und ein guter Kumpel.
Helmut Hansmann (Automechaniker, Unikum)

Spontan überlegt: warmherzig, sensibel für Stimmungen – aber auch etwas exzentrisch. Hella ist gradlinig, sagt, was sie denkt (auch wenn es für sie nachteilig sein kann), sie geht Ärger nicht aus dem Weg. Das kann anstrengend sein, aber mir gefällt's. Ihr Elefantengedächtnis sollte nicht unerwähnt bleiben. In Hella steckt mehr, als manche(r) denkt. Sooo.
Barbara Wolf (Redaktion, Aufnahmeleiterin WvS – Omi. Ruhe, bitte! Die, die sich beim Catering 'nen Wolf zählt.)

Erst Hella hat eine Frau aus mir gemacht. Wie könnte ich ihr das je vergessen?
Gerd Schmitt (ehemaliger Redakteur, Autor WvS)

Die erste Begegnung mit ihr und ihrem Gefolge löste bei mir Panik aus. Bloß weg hier, war mein einziger Gedanke. Sich in diesen Hofstaat einzureihen, ich, niiiiie!!! ... Wochen später: Ich bin dabei. Damit konnte frau nun wirklich nicht rechnen – von Sinnen und gleichzeitig scharfsinnig in ihren Argumentationen. Da steh' ich nun mal drauf! Ja, und dann das mit meinem Aszendenten und ihrem Aszendenten. Da war nun wirklich nichts mehr zu machen. Obwohl, wenn Schmollippe angesagt ist, weil Helli einen Kater hat oder weil niemand ihr was erzählt oder weil sie wieder kein Fax gekriegt hat oder weil ..., dann beherrscht mich nur ein Gedanke: weg hier! Danke fürs Gespräch!
Annette Reeker (Löwe/Skorpion, Ex-Redakteurin WvS)

Ein toller Charakter – natürlich Wassermann! Fast immer mein absolutes Vorbild.
Martina Nöcker (Redaktionssekretärin ANO!?, treue Gummersbacherin)

Hella redet so, wie ihr der Schnabel gewachsen ist, und das finden wir gut. Wir alle haben sie gern.
Melanie + Paul Nöcker (Eltern von Martina)

Ein Unikum, ohne das das deutsche Fernsehen ärmer wäre.
Winni Gahlen (Producer Ano!?, Schildnöck)

Zwischen 17.00 Uhr abends und 3.00 Uhr morgens ist Hella wie Champagner. Aber sie in zwei Sätzen beschreiben zu wollen hieße, die Flasche Champagner in einen Fingerhut zu pressen.
Karin Niederbühl (Freundin; ihr Neffe war mit Boris Becker im Kindergarten)

Ich mag sensible Dickhäuter. Ihr Biß ist aus purem Elfenbein.
Martina Menningen (Moderatorin, Tänzerin, Redakteurin bei RTL für Wvs; ist dem Lexikonspiel verfallen; Ruck Zuck!)

Hella ist richtig beurteilt worden von denjenigen, die zu einem positiven Ergebnis kommen. Ich habe den Vorteil, daß ich das schon seit ihrer Geburt weiß. Sollte es kleine Vorbehalte geben, müssen wir die noch gemeinsam präzisieren.
Helmut Kemper (der wunderbarste aller Väter. Ich liebe dich!)

Ich kenne Hella seit ihrem 12. Lebensjahr und habe sie immer als ein fröhliches und sehr aufrichtiges Kind in Erinnerung. Den Namen Frau von Sinnen fand ich zur damaligen Zeit – Hella war noch in der Abiturklasse – eher geschmacklos. Heute bin ich der Meinung, daß er zu ihr paßt, aber nur als Künstlername, denn im persönlichen Bereich ist Hella nicht von Sinnen.
Renate Kemper (Ga(ö)ttin meines Vaters, Mutter von Dagobert, bäckt den besten Käsematschkuchen der Welt. Danke, daß es dich gibt!)

Hella ist geboren für die Bühne. Überall, wo sie auftaucht, steht sie im Mittelpunkt, ob bei Familienfesten, zu Weihnachten oder wenn sie einfach mal zu Besuch kommt, und jetzt auch im Fernsehen.
Torsten Kemper (Dagobert, hat bei allen Gesellschaftsspielen die Nase vorn. Hoffentlich auch im weiteren Leben!)

Helmut und Renate Kemper

Hella ist eine fabelhafte Type und ein herrlicher Typ. Hella ist ein Showerlebnis! Ich freu' mich auf ein Wiedersehen.
Dieter Thomas Heck (hat eine gottvolle Ohrennummer drauf)

Hella ist für mich »nicht nur eine geniale Entertainerin – Hella ist ein Naturereignis«!
Claudi Fröhlich (Regisseur, Schwarzpulver-Junkie, ein Schatz)

Was ich besonders an ihr liebe, ist, daß ihre gigantische Egozentrik so trefflich zusammengeht mit ihrem großen, weiten Herzen.
Nina Herting (meine attraktivste und wichtigste Freundin, Schauspielerin; was sie anfaßt, wird zu Gold)

Eine wunderbare Frau. Ein Genuß.
Margit Wingens-Otterbach (Freundin, Namensfinderin »von Sinnen«, Lügenböldin)

Hella ist das süßeste und schnuckeligste »Monster«, das ich kenne und sehr, sehr liebe. Schon damals, anno circa 1982 beim Matrosen- und Nuttenball im COCONUT, hat sie mich als Moderatorin so begeistert und überzeugt, daß ich ihr schwerste Erfolge in diesem Metier prophezeit habe.
Hinrich Sickenberger (Kunstwerk; ich liebe Nasen!)

Sie ist eine gute, zuverlässige und ehrliche Freundin.
Dada Stievermann (meine liebste und beste Freundin, Schauspielerin; Cruella de Ville)

Hella ist die Schwester, die ich mir immer gewünscht habe.
Hartmut Kemper (mein sehr dicker Bruder, was wäre ich ohne Dich! Feuerzeugsammler)

Hella ist dynamisch, offen und frei heraus, was in der heutigen Zeit selten ist. Es gibt so viele Duckmäuser, dazu gehört sie nicht.
Domenica (Sozialarbeiterin, Freundin, Hure)

Ich finde Hella von Sinnen Klasse!
Marlene Jaschke (Jutta Wübbe – Komikerin, Freundin)

Schrill. Spricht aus, was andere denken, aber nie verlauten lassen würden. Witzig, spontan und erfrischend.
Airsea (Reisebüro)

Ich habe noch nie so viel gelacht wie mit Hella.
Gabi Gutsmuths (Würstchen, ehemalige liebste und beste Freundin, aber wir telefonieren wieder)

Die tollste, kreativste, begabteste, launischste und lesbischste Lesbe, die ich in den letzten drei Jahren bei RTL plus kennenlernen durfte. Mehr einzig als artig, ist sie dennoch einzigartig. Und das ist gut so, so eine Gnade der Schöpfung, ein Akt der Vorsehung, denn zwei von Hellas Sorte wären nun wirklich zuviel.
Klaus de Rottwinkel (höchst pfiffiger Autor, Pfeifenraucher, Steinumdreher, Trapper)

Sie ist eine Ulknudel, wie sie im Buche steht. Durch ihren Humor kommt auch in kleinster Gesellschaft Freude auf.
Günther (Zum Günther – Prost, Günther!)

Sie ist für mich eine patente Theaterspielerin vor allen Dingen und findet immer das richtige Wort am Platze. Sie bringt sehr viel Freude und Spaß ins Volk. Sie hat eine derbe Aussprache, und dazu paßt ihre Figur.
Paula Kleinmann (Original, unverwüstliche Köchin des Deftigen)

Außergewöhnlicher Mut und herzerfrischende Ehrlichkeit sind Hellas Beweis dafür, was Entertainment sein kann. Sie ist ein Gesamtkunstwerk, und das finde ich klasse und verehre es sehr.
Georgette Dee (Sängerin und Schauspieler, Freund und Freundin)

Eine mutige Frau, die auch Ecken und Kanten hat. Ein sehr sympathischer Star, kollegial im Team, und ich finde gut, was sie macht.
Angela Krüger (Produktionsleiterin, Vollweib)

Hella ist wie »Karlsson vom Dach«, der Held aus meinem Lieblings-Kinderbuch. Er ist frech und verfressen, hat einen Propeller auf dem Rücken und immer Sahnebonbons in der Tasche. Ein wichtiger Unterschied: Hella gibt immer ein paar von den Bonbons ab.
Bettina Flitner (Fotografin, Filmemacherin, Freundin)

Die begabteste und talentierteste Entertainerin, die wir zur Zeit haben. Ein Segen für unsere TV-Nation. Carolin Reiber wird es nie lernen.
Walter Bockmayer (Regisseur)

Bleibt trotz ihres Erfolges mit beiden Beinen auf der Erde. Sie wird ihren Weg erfolgreich fortsetzen, nicht nur als Entertainerin.
Rolf Bührmann (Produzent)

Ich halte Hella von Sinnen für ein Kölner Original, und mir gegenüber ist sie immer aufgeschlossen, freundlich, kameradschaftlich und hat trotz ihrer Berühmtheit ihre Natürlichkeit behalten.
Yvonne Heinrichs (Sparkassenangestellte)

Ich kenne sie nicht besonders gut, aber eins weiß ich genau: Hella ist innen nicht so dick, wie sie außen tut, was gefährlich ist, denn so verzweifelt sie vielleicht doch mal an der Unmöglichkeit, als Frau nicht so liebreizend-angepaßt-dauergewellt-dämlich-brav zu sein, wie es die Herren – vor allem die in den Medien – gern hätten.
Elke Heidenreich (Journalistin; liebe Elke, was willst Du mir damit sagen???)

Hella hat sich selbst zum Beruf gemacht, und sie lebt nicht schlecht damit und davon. Ich bin sicher, sie mag diesen Harzer Käse wirklich.
Christoph Gottwald (Krimi- und Drehbuchautor, Freund; Sorry, ich mag den Käse nicht!)

Die Show-Heldin mit den tollsten Kostümen in ganz Europa hat das Herz auf dem richtigen Fleck, nimmt kein Blatt vor den Mund, höchstens Pommes hinein – ein absoluter Pommes-Gourmet –, und macht eine tolle Partnerin für ein gemischtes Gesangsdoppel.
Georg Roth (Entertainer, ernährt sich neben Fritten auch von Beta-Blockern, wie ich)

Ich schätze ihr ungestüm komisches Talent und bewundere die Energie und den Mut, mit der sie Dinge bis zum Äußersten treibt, sei es Blödsinniges oder Eigensinniges. Für mich ist sie ein Beispiel für original »chaotische« Kreativität.
Angelika Bartram (wunderbarste der Regisseusen und Autorinnen)

Ich freue mich sehr, daß sie den Typus der widerlichen, schleimischen, devoten Fernsehmoderatorin durchbrochen hat. Sie ist ein Punk im deutschen Fernsehen, der alle nerven kann, auch mich, aber das ist köstlich.
Tom Gerhard (Dackelherrchen mit Sekt)

Sie hat sich nicht vom Erfolg korrumpieren lassen. Am meisten mag ich ihren Sprachwitz und ihre Ehrlichkeit. Am wenigsten ihre schlechten Launen (Vorsicht! Deckung!). Sie ist Wassermann, Aszendent Skorpion; ich Skorpion, Aszendent Wassermann. Was soll ich da noch sagen...?
Georg Uecker (Seriendarsteller, hoher Unterhaltungswert, Canasta-Partner)

Sie ist uns sympathisch. Wir mögen sie wegen ihrer unkomplizierten Art, und sie hört auf unseren fachmännischen Rat. Sie drückt aus, wenn ihr etwas gefällt, und wir freuen uns, wenn sie kommt; jeder bedient sie gern.
Potschka (Juwelierscombo)

Mit Hella verbinde ich Kraft und Sensibilität. Beides liebe ich an ihr.
Gisela Marx

Sie ist launisch, lesbisch und laut. Sie ist untalentiert, undiszipliniert und unmöglich. Sie behält keinen Text, klaut Pointen und fällt Kollegen ins Wort. Soviel zu Renate Ehlers. Nun zu Hella von Sinnen: Ich liebe sie!
Hugo Egon Balder

»Hella, nimm doch bitte endlich das Kissen aus der Hose!«
Bernd Holzmüller

Meine liebste, beste und auch dickste Freundin. Nebenbei eine der profiliertesten Darstellerinnen japanischer Prostituierter. Ich möchte sie niemals missen.
Dirk Bach (liebster und bester Freund, Schauspieler)

Hella ist die Frau, die es schafft, auf die frappierendste, unkonventionellste, sprachlich schockierendste Art, die mir je begegnet ist, Menschen treffend zu erkennen. Hella bedeutet Power, Extravaganz, Selbstbewußtsein und Eigensinn, der mich nunmehr seit 3 Jahrzehnten stets beeindruckt hat.
Ute Müller-Nohl (älteste Freundin)

Hella von Sinnen finde ich humorig vor der Kamera und total von Sinnen! Privat gar nicht von Sinnen, dafür viel Sinn für Menschlichkeit und für Freundschaft.
Rex Gildo

Normalerweise kann ich lautes Getöse nicht vertragen, aber bei Hella mag ich es. Wahrscheinlich weil ich weiß, daß es stimmt. Sie war schon schrill vor 10 Jahren, als sie noch nicht berühmt war und mich und diverse Nebentische im DIENER in Berlin unterhalten hat.
Anete Humpe

Der nackte Gottschalk war ihr letzter Höhepunkt.
Martin Heidemanns (BILD AM SONNTAG)

Ich als kleine Schwester kann sagen: »Ich bin stolz auf diese Familie.«
Claudia Matschulla

Dictionary

Aapenhaus	Affenhaus
ätzend	ätzend eben
Alliteration	ein und derselbe Buchstabe jagt den nächsten, z. B.: Onkel Otto oelt onanierend olle Orgelpfeifen
Ambach, das ist...	die Zuweisung, daß ein mehr oder weniger bekanntes Phänomen im Jetzt und Hier stattzufinden hat
angestrengt sein	etwas geht auf die Nerven und strapaziert dieselben
ANO!?	ALLES NICHTS, ODER!?
anschnarchen	nerven
an sich... der, die, das	Das ist aber jetzt Deutsch! Ihr Doofen. Ich benutze es halt öfter als der Sprachwissenschaftler an sich
argusäugig	Argus, der. In der griechischen Mythologie ein hundertäugiger Riese, der die Tochter des Zeus bewacht. Nennt mich Arguste. Wobei ich vorzugsweise Bundespräsidententöchterchen bewache. Uta Ranke-Heinemann ausgenommen (siehe: Der Schmand ist ab).
Baaz	(bayerisch, hab' ich von Sybil) benennt Speisenreste auf Revers, Lippenstiftab-

	drücke auf Wangen, Spirituosenränder auf Tischen u. ä.
Bäätsch	Infantiler Ausruf der Überlegenheit
Balu	siehe Dschungelbuch
berühmt	wird völlig inflationär von uns benutzt, am liebsten bei völlig unbekannten Sujets
Bock haben	auf etwas begierig sein
breit	betrunken
britzebreit	sehr betrunken
brettern	die vorgeschriebene Richtgeschwindigkeit um mehr als 13,6% überschreiten
CAMP	(siehe Pelle Pershing)
coming out	wenn du sagst, daß du homosexuell bist
CRACKLIN' OAT BRAN	mehr als nur eine ausgezeichnet schmeckende Cerealie (Frolic für Erwachsene)
Canasta-Anleitung	kuck in deiner Spielesammlung nach
diarrhoetisch tätig sein	er, sie, es hat Durchfall
drögmösig	das Fehlen essentieller Spaß- und Lust-Zentren
drupp, ich bin...	1. im positiven Sinne verwendbar wie: etwas erfreut mich über alle Maßen 2. im negativen Sinn verwendbar wie: etwas befremdet mich über alle Maßen
drupp, ich komme...	Ich nähere mich zielstrebig Definition 1. oder 2.
dudenrichtig	ist brandneu! Wird im nächsten Buch näher erläutert
durchgeknallt	(siehe Sicherungen)
Eselsgeburt	das scheint der Ausdruck dafür zu sein, wenn man Schwangerschaftstechnisch über der Zeit ist. Am End' trägt der Esel an sich ja 10 Monate.
fimschig	die Steigerung von empfindlich
Flunsch	die Unterlippe über die Oberlippe stül-

	pen, einen beleidigten Gesichtsausdruck machen – im Volksmund auch »Schüppchen« genannt (Wir sind das Volk)
Föttchen	Popo
Fritten FC	Fritten mit Ketchup und Mayonnaise (rot/weiß)
gebe, ich ... – er, sie, es gibt uns ...	(aus der Divensprache) wenn ich z. B. nach Moschus dufte, gebe ich euch den kastrierten Stier. En Ochs is en Ochs is en Ochs is en Ochs
Hals, einen ... kriegen	die Drüsen, vorzugsweise in der Halsregion, schwellen vor Wut, Ekel oder Empörung an. Will sagen: Ich rege mich tierisch über etwas auf (tierisch wird nicht weiter erläutert)
Happen-Pappen	mundgerechter Leckerbissen
Hasenbraten	Jolly Joker, für alles verwendbar (siehe Canasta-Anleitung)
Heiermann	5 Mark
himpelig	siehe pupsig
hippe	von hip – in, up to date
Hirse	Geist, Gehirn, Bewußtsein, Kopf
Hölle, die; wie die ...	ist einfach ein gerne benutzter Superlativ für etwas nicht so Schönes
hyper ...	extrem, übertrieben
iessekalt	eiskalt
Jieper, einen haben ...	mein Speichelfluß wird ausschließlich bei dem Gedanken an ein ganz bestimmtes Nahrungsmittel aktiviert
Jubidubi-Zentrum, trifft mein ...	wenn ich etwas besonders süß oder putzig finde
Käfig, der ... war um (ein ummer Käfig)	der Käfig befand sich hygienisch in einem nicht einwandfreien Zustand
Klatsche, eine ... haben	einen Tick haben, 'ne Macke

Kleine Kusine Komik-Zentrum, trifft mein ...	La Petite Cuisine wenn ich persönlich etwas besonders komisch finde. Röntgentechnisch nicht lokalisierbar, und der Rest kann in der Regel auch nicht drüber lachen. (Apropos Regel: Irgendwie bin ich mit diesem Buch schwanger!)
kommod	gemütlich
klucken	viel Zeit zusammen verbringen (siehe Hühner)
kucken	gucken
lang hinschlagen	hinfallen
leider	wird auch inflationär schon gar nicht als Ausdruck des Bedauerns gebraucht (führt leider oft zu Mißverständnissen). Ha! Zum ersten Mal dudenrichtig benutzt.
LeserInnen	Leser und Leserinnen
losstochen	loslaufen
madig machen	verunglimpfen, den Spaß verderben
Mara	Mara Traber, Tel. 0211-27 36 32
moi	*ich* jetzt dann
moppig	schlecht gelaunt; der Umwelt mit dem Charme eines alten Wischmopps begegnen
Mümpelkisten	Schatullen mit Erinnerungen
nach hinten, das geht ... los	die völlig überraschende Wende – wenn eine Maßnahme zur Instandsetzung oder Diffamierung deines Gegenübers unvermittelt nach hinten losgeht
Nille	Vanille
Nöli-Fimsch-Esserin	kommt von »rumnölen« (nörgeln) und »fimschig sein« (siehe fimschig)
oneway	Einbahnstraßentechnisch
Outfit	das ist ja wohl inzwischen eingedeutscht – das ist der Fummel an sich

outing	wenn andere sagen, daß du homosexuell bist
»Da kriege ich einen pantomimischen Herpes«	ich bin sehr wütend oder ekle mich oder rege mich auf
Pelzmännchen	(siehe Schmocks)
pitschen	pieksen, kneifen
PMS	wie, Sie wissen nicht, was PMS ist?
Puddingzweig	Hauswirtschaftszweig
Pulla	Fläschchen fürs Baby (lecker!)
pupsig	doof, armselig, überflüssig
räudig	(siehe Pelzmännchen)
reinpupsen	vielfach verwendbar für reindrücken, reinfliegen, reinhauen, reinlegen etc.
Schade eigentlich	wenn ihr den Ausdruck nicht kennt... habt ihr all meine Sendungen verpennt (ich hasse Reime)
Schißbutze	Angsthäsin
Schmand, der ... ist ab	nicht mehr fabrikneu
Schmock	Sybil behauptet immer, es wäre ein jüdischer Ausdruck für »Schwanz«. Da es sich so schön spricht, nenne ich gerne alle Männer Schmocks.
schnallen	verstehen
snappen	mit der Fernbedienung von Kanal zu Kanal schalten
Schnarchnase	(siehe Schnarchsack)
Schnarchsack	(siehe Schnarchnase)
schubbern	kratzen (siehe Balu)
Süßdroge	ist von Ufi für Süßigkeiten
struntzen	quatschen
tapern	gehen
... technisch	wird an alles drangehängt. Der sich im Wahlkampf befindliche Politiker zieht die Formulierung »... betreffend« vor
Tränensack, auf den ... gehen	Zeit meines Lebens habe ich die Schmocks für die deftige Formulierung

	»Das geht mir auf den Sack« beneidet. Glücklicherweise verfüge ich nicht über denselben und bin daher auf meine Tränensäcke ausgewichen.
Tuffi	Herr Thorwirth (Griechisch und Latein)
um sein; der, die, das ist um	Verfallsdatum überschritten, alt

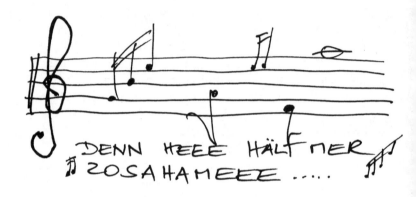

utschibutschi	schade, daß Sie Annie Wilkes nicht mehr fragen können
Veedel	Wohnviertel (Kölnisch)
verbaatzen	verunreinigen (siehe Baatz)
verfickt	entspricht dem englischen »fucking«
versendet, das ... sich	TV-Sprache: wird keinem auffallen
verstockt	(siehe verzickt)
verzickt	beleidigt, eingeschnappt, stur, unkooperativ, nicht gesprächsbereit
Vorsprung, einen ... haben	sehr albern sein oder aber sich über etwas aufregen oder aber etwas nicht glauben können oder etwas ahnen oder, oder, oder ...

Weinini	ist das DREILÄNDERECK, in dem ich über 10 Jahre gewohnt habe: **Wei**den-pesch, **Ni**ppes, **Ni**ehl
Wichspost	Post von Spannern und Faschisten
Wurzel, in der ... daneben	bereits im Ansatz falsch
WvS	WEIBER VON SINNEN
Zeiger, auf den ... gehen	auf die Nerven gehen

Danksagung

Wenn es denn nun wirklich sein soll, daß das hier ein Buch geworden ist, möchte und muß ich ein paar Menschen danken, die maßgeblich an der Fertigstellung beteiligt waren:
Jutta Lußem für Idee, Motivation, Kontinuität, Einfühlungsvermögen und definitive Fleißarbeit.
Dem Goldmann Verlag – Silvia Kuttny – für die Realisierung.
Baron Münchhausen und seinem Team für einen kommoden und kreativen Sommer im MARITIM.
Horst Galuschka, Torsten Kemper, Bettina Flitner, Hannelore Schneider, Ute Müller-Nohl, Ulrike Filgers, Norbert Haas, Franz Fischer, Martin Claßen und diversen Privatpersonen für ihre Fotos.
Holzi für *das* Gespräch.
Bine und Dicki für Erstrezension und Freundschaft.
Dada für ihre Terminrecherche.
Meinem Vater für die Versicherungskorrespondenz.
Tante Erika fürs Aufbewahren von Minchen und Jettchen.
Marie Reiners für die Büttenrede.
RTL plus für die Karriere.
Allen Schnarchnasen, die sich nicht über mich geäußert haben.
Mara fürs Handlesen.
Jutta Kühn fürs Horoskopmalen.
Karin und Inka für ihr Angebot, mir noch mehr Fotos zu beschaffen.

... wem auch immer, der damals die Idee hatte, ein Heftchen auf den Markt zu werfen mit dem Titel: »Was spricht gegen Homosexualität?«, ganz und gar leerseitig.
Meinen Petzibären für ihre Gelassenheit.
Mildred Scheel für die Geburt der hinreißendsten, attraktivsten, souveränsten, zärtlichsten, leidenschaftlichsten, außergewöhnlichsten Frau dieses Planeten.

Cornelia, ich liebe dich!

Bildnachweis

Seite 2: EMMA/Bettina Flitner
Seite 9: privat
Seite 11: privat
Seite 14/15: privat
Seite 19: privat
Seite 24: privat
Seite 28: privat
Seite 31: privat
Seite 32: privat
Seite 35: privat
Seite 36: Ulrike Filgers
Seite 40: privat
Seite 46: dpa/Stackelberg
Seite 53/54: privat
Seite 57: GRÖÖN
Seite 63: privat
Seite 65: EMMA/Bettina Flitner
Seite 67, 68: privat
Seite 71: privat
Seite 73: Horst Galuschka (oben)
Seite 73: GRÖÖN (unten)
Seite 79: privat
Seite 83: Entenproduktion, Köln
Seite 87: privat

Seite 90: privat
Seite 95: privat
Seite 105: privat
Seite 108: Horst Galuschka
Seite 115: Ulrike Filgers
Seite 117/118: privat
Seite 120: privat
Seite 123: Bettina Flitner
Seite 133: Bettina Flitner
Seite 135: Bettina Flitner
Seite 138, 139: Horst Galuschka
Seite 143: Ulrike Filgers
Seite 151: privat
Seite 152: GRÖÖN
Seite 156: Aufdembrinke/Schorr
Seite 160: Schorr/Aufdembrinke
Seite 171: privat
Seite 173: privat
Seite 174: SPRUNGBRETT/Alfred Bremm
Seite 176: SPRUNGBRETT/Friedemann Trube
Seite 177: Norbert Haas
Seite 178: Horst Galuschka
Seite 179: Franz Fischer
Seite 180: Horst Galuschka
Seite 182: Martin Claßen
Seite 183: privat
Seite 186: Horst Galuschka
Seite 191: privat
Seite 196: Bettina Flitner
Seite 213: MAD, Rolf Trautmann
Seite 217: Horst Galuschka
Seite 227: Horst Galuschka
Seite 231: privat
Seite 248: Horst Galuschka

Der Verlag bemühte sich, bei allen Fotovorlagen die Copyrightfrage zu klären. Wo dies nicht möglich war, bitten wir darum, daß berechtigte Ansprüche dem Verlag gemeldet werden.

GOLDMANN

FrauenLeben

»*Sie war eine jener mutigen Frauen, die sich
ins offene Wasser hinauswagen... Sie hatte das Zeug
zu einer Königin.*«

Frankfurter Allgemeine Zeitung

Jeanne Champion,
Die Vielgeliebte   9634

Jeanne Champion,
Sturmhöhen   9342

Maurice Lever,
Primavera   9700

Ingeborg Drewitz,
Bettine von Arnim   9328

Goldmann · Der Taschenbuch-Verlag

GOLDMANN

Frauen lassen morden

»*Marlowes Töchter*« (Der Spiegel) *schreiben Spannung mit Pfiff, Intelligenz und dem sicheren Gefühl dafür, daß die leise Form des Schreckens die wirkungsvollere ist.*

Robyn Carr, Wer mit dem
Fremden schläft   42042

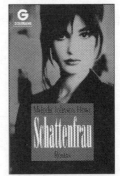

Melodie Johnson Howe,
Schattenfrau   41240

Doris Gercke, Weinschröter,
du mußt hängen   9971

Ruth Rendell,
Die Werbung   42015

Goldmann · Der Taschenbuch-Verlag

GOLDMANN TASCHENBÜCHER

Das Goldmann LeseZeichen mit dem Gesamtverzeichnis erhalten Sie im Buchhandel oder gegen eine Schutzgebühr von DM 3,50/öS 27,–/sFr 4,50 direkt beim Verlag

Literatur · Unterhaltung · Thriller · Frauen heute · Lesetip
FrauenLeben · Filmbücher · Horror · Pop-Biographien
Lesebücher · Krimi · True Life · Piccolo · Young Collection
Schicksale · Fantasy · Science-Fiction · Abenteuer
Spielebücher · Bestseller in Großschrift · Cartoon · Werkausgaben
Klassiker mit Erläuterungen

****

Sachbücher und Ratgeber:

Politik/Zeitgeschehen/Wirtschaft · Gesellschaft
Natur und Wissenschaft · Kirche und Gesellschaft · Psychologie
und Lebenshilfe · Recht/Beruf/Geld · Hobby/Freizeit
Gesundheit und Ernährung · FrauenRatgeber · Sexualität und
Partnerschaft · Ganzheitlich heilen · Spiritualität und Mystik
Esoterik

****

Ein SIEDLER-BUCH bei Goldmann

Magisch Reisen

ReiseAbenteuer

Handbücher und Nachschlagewerke

Goldmann Verlag · Neumarkter Str. 18 · 81664 München

Bitte senden Sie mir das neue Gesamtverzeichnis, Schutzgebühr DM 3,50

Name: _____

Straße: _____

PLZ/Ort: _____